MA RÉPUBLIQUE
SE MEURT

JEANNETTE BOUGRAB

MA RÉPUBLIQUE SE MEURT

BERNARD GRASSET
PARIS

Photo de couverture : © Thomas Laisné

ISBN : 978-2-246-75551-7

Tous droits de traduction, de reproduction et d'adaptation
réservés pour tous pays.

© *Éditions Grasset & Fasquelle, 2013.*

À mes parents Lackdar et Zohra ; à ma sœur Salima et mes frères Nadji et Jérôme ; à ma deuxième famille Danièle, Jean-Luc et Elsa Marie-Saint-Germain.

À ma fille May Bougrab.

Introduction

Aujourd'hui, 17 septembre 2008, le président de la République Nicolas Sarkozy me remet l'ordre national du Mérite pour récompenser un parcours d'intégration « réussi ». Ma famille est là, autour de moi. Mon père d'abord : un monsieur d'un certain âge et d'une grande distinction, arborant sur sa poitrine une quinzaine de décorations militaires ; mon petit frère, Nadji, portant l'uniforme de l'armée française, imposant, par sa stature et son mètre quatre-vingt-treize ; ma mère, une petite dame ronde ; mon autre frère, plus trapu, et ma sœur, le portrait de ma mère.

Je pense inévitablement au chemin parcouru par mes parents, des paysans très pauvres, qui vivaient dans un petit village situé entre la ville de Blida, « la ville des roses », et celle de Médéa, près du fameux ruisseau des singes dans les gorges de la Chiffa, et qui se retrouvent aujourd'hui sous les lambris dorés du palais de l'Élysée.

Quelle revanche ! Quelle revanche pour ma famille qui a vécu l'humiliation, la honte, le mépris pendant de nombreuses années parce qu'ils avaient choisi la France. Considérés comme des traîtres, des collaborateurs comparés aux Français qui avaient préféré Vichy à Londres, comme l'avait insinué le président algérien Abdelaziz Bouteflika lors de sa visite en France en 2001. Peu de femmes, peu d'hommes s'étaient levés pour exprimer leur indignation face à ces propos ignobles. Eh bien mes parents, qui se sont toujours tus, sont aujourd'hui reçus avec les honneurs de la République, par le président lui-même, pour voir leur fille cadette recevoir une distinction consacrant un itinéraire, certes semé d'embûches, mais qui m'a menée d'un HLM de Châteauroux au Palais-Royal, face au Louvre, symbole de la grandeur passée de la France, où je suis maître des requêtes du Conseil d'État. La petite fille de harki qui a grandi au cœur de son Berry natal et qui se retrouve aujourd'hui au Palais-Royal. Imaginez l'émotion que je ressens quand je siège dans la formation de jugement dans la salle du contentieux d'où je vois, de ma place, la balance de la Justice et le drapeau français flotter au vent.

À chaque séance, je suis fière d'appartenir au Conseil d'État qui rend la justice au nom du peuple français.

En ce 17 septembre 2008, j'ai le sentiment de tenir enfin ma revanche sur la vie, sur l'histoire et, plus largement, la revanche de ces familles oubliées. Des personnalités éminentes du monde politique (le président de la République Nicolas Sarkozy, la ministre de l'Économie Christine Lagarde, le secrétaire général de l'Élysée Claude Guéant), du monde intellectuel (Luc Ferry, Blandine Kriegel), sportif (David Douillet), économique (Henri Proglio, René Ricol) ou juridique (Jean-Marc Sauvé, Pierre Mazeaud) sont venues. Tous sont là pour moi, parce que j'ai déjoué les déterminismes sociaux qui auraient dû me conduire, au mieux, à faire un BEP sanitaire et social au lycée des Charmilles de Châteauroux. Jean Giraudoux disait de cette ville de province au cœur du Berry qu'elle était la ville la plus laide du monde. Laide sans nul doute, mais ma famille y a fait souche. Du coup, je me suis attachée à cette bourgade sinistre et parfois hostile...

Cette cérémonie était importante pour mes parents qui ont tout sacrifié pour que leurs enfants puissent avoir la chance de s'instruire et de s'élever socialement. Ils savaient que c'était par le biais de l'école républicaine et laïque que nous pourrions connaître un autre destin que celui qui nous était promis. Mais cette école à laquelle ils nous ont arrimés est en déliquescence : échec scolaire, remise en cause de la laïcité, violences physiques sur les jeunes filles… Les ministres de l'Éducation nationale successifs, de droite comme de gauche, ont tous refusé de le voir pour ne pas, notamment, irriter les syndicats d'enseignants. Le credo de tout ministre semble être : tout va bien.

Sur un plan plus symbolique et plus personnel, cette remise de décoration marque un tournant dans la vie d'une jeune femme désignée comme arabo-musulmane, qui a eu la folie de croire en l'idéal républicain, aux principes qui en découlent, et qui a pris progressivement conscience que ces mots étaient parfois vides. Ce vide a finalement pris un sens ; sans lui, je n'aurais sans doute pas trouvé la force et le courage de sortir de mon milieu qui, souvent, je le reconnais, m'étouffait. Déjà toute petite, je n'acceptais pas l'obligation faite aux femmes de servir les hommes à table. Je me rebellais. Ma mère tentait alors, parfois violemment, mais vainement, de me « dresser », comme elle disait. Mais c'était impossible car j'avais quelque chose, au fond de moi, que je ne m'explique pas, une envie, un besoin, une rage, de revanche, de liberté, et de reconnaissance face à toutes les humiliations que j'ai connues. Et il y en a eu. Grandir à Châteauroux quand on est différent, ce n'est pas évident... Lorsque, comme moi, on cumule les tares (arabe, fille et enfant d'ouvrier), on est bien sur la ligne de départ, oui, mais déjà lesté de quelques kilos. L'échec est trop souvent au rendez-vous. La métaphore qu'employa le président américain Lyndon Johnson pour montrer que nous ne sommes pas tous égaux au départ de notre vie est très juste. S'exprimant le 4 juin 1965 devant des étudiants de l'université Howard, il déclara : « En vérité, on ne peut considérer avoir été parfaitement équitable envers une personne enchaînée si l'on se contente de la débarrasser de ses chaînes et de lui faire prendre place sur la ligne de départ […] en lui disant : "Voilà. Tu es libre de rivaliser avec les autres." »

La cérémonie à l'Élysée se déroulait comme prévu. Je portais une robe vert émeraude qui soulignait les courbes de mon corps de méditerranéenne. Je l'avais vue dans une boutique de la rue de Grenelle et j'avais su tout de suite qu'elle serait idéale pour la circonstance. Tous mes amis me la déconseillaient. Selon eux, je me devais de porter un tailleur sobre, gris ou noir, afin d'effacer les traces de ma féminité. Si je les avais écoutés, j'aurais dû porter, au mieux, une burqa. J'aime mon corps, et ma liberté chérie est de pouvoir faire ce qu'on ne peut plus faire dans certains quartiers de notre beau pays parce que des petits caïds ont décidé d'imposer leurs lois à des jeunes filles. Porter des jupes c'est prendre le risque de se faire agresser, comme l'a si bien montré le film réalisé par Jean-Paul Lilienfeld en 2009, *La Journée de la jupe* avec Isabelle Adjani.

Eh bien, moi, j'ai décidé de faire ce dont j'avais envie… Je voulais être belle, rayonnante, quitte à bousculer les convenances. Malgré tout le respect que j'avais pour les femmes qui allaient être décorées en même temps que moi, je ne voulais pas leur ressembler. J'ai de longs cheveux noirs, elles ont les cheveux courts à la garçonne. Elles portaient des tailleurs pantalons, je portais une robe de soie vert émeraude. Elles se sont masculinisées pour être acceptées dans une société qui demeure misogyne. Une chose me rassure néanmoins ; le débat sur le corps de la femme est présent tant dans la culture arabo-musulmane que dans la culture occidentale. Je suis une femme avec des seins généreux, faits pour allaiter, une taille fine et des hanches marquées faites pour enfanter. Je comprends que le fait que je ne me cache pas puisse dérouter.

Cette robe mettait en valeur mes formes généreuses. Pour l'anecdote, sa créatrice, Catherine Malandrino, a assisté au mariage de Cécilia et Richard Attias. Je suis donc allée à l'Élysée avec une robe dessinée par une amie de Cécilia Sarkozy. Et j'étais la seule à le savoir. Si le président l'avait su, aurait-il quand même épinglé ma médaille sur ma jolie robe verte ?

Tous les récipiendaires étaient alignés devant le président de la République. J'étais la dernière pour des raisons protocolaires. Tous le fixaient. Moi, je cherchais d'un regard inquiet ma famille. Un ami proche m'a dit plus tard que j'avais frôlé l'impolitesse en tentant ainsi de retrouver les miens au lieu de regarder avec émotion le chef de l'État. Mais pour moi, le plus important c'était eux.

Vint mon tour... Le Président prononce un discours dans lequel il omet un point qui était selon moi fondamental : mon père qui s'est battu pour la France. Or ce jour-là, ce père magnifique fut présenté comme un travailleur immigré algérien ayant épousé une femme de ménage venue en France pour mieux gagner sa vie. Je comptais le nombre de fois où il prononçait la formule « femme de ménage ». Ce discours misérabiliste, probablement rédigé par de jeunes conseillers, ne me ressemblait pas. Il ne décrivait pas mon histoire. Moi, je voulais qu'il rende hommage à mon père harki. Je décide alors de franchir les cordons de velours rouge, pour placer à mes côtés mon père, cet homme épais, portant fièrement une quinzaine de décorations à sa poitrine, et mon frère, afin de les avoir près de moi quand le Président me remettra ma décoration. Je n'ai jamais respecté les conventions tant elles m'ennuient. Je glisse un mot au Président pour lui dire qu'il a oublié un point important, dans son discours : le combat pour la France de mon père. Il me répond alors : « Attends, je vais déjà te remettre ta décoration. » Il a serré la main de mon père et celle de mon frère. Et il est reparti. Mes parents sont heureux. Je reste un peu amère. J'aurais voulu que Nicolas Sarkozy soit plus chaleureux avec mon père, cet homme que j'admire tant. Je regrettais un instant que ce ne soit pas Jacques Chirac qui me remette cette décoration ; lui savait manier avec intelligence et finesse cette empathie qui le rendait si sympathique. Il était très attentionné à l'égard des autres et a toujours témoigné une véritable compassion pour les soldats algériens qui s'étaient battus pour la France. Il est vrai que le Président Chirac avait fait son service militaire en Algérie. Il fut même tenté, un court temps, par le combat pour l'Algérie française. Il connaissait la situation des populations indigènes d'Algérie. Nicolas Sarkozy, lui, n'était pas encore né au moment des événements de la Toussaint rouge où plusieurs attentats meurtriers furent perpétrés, marquant le début de l'insurrection algérienne. Il reste cet homme trop pressé, davantage impressionné par des joueurs de football que par un ancien soldat de l'armée française. Je me souviendrai toujours de mon étonnement lorsque je l'ai vu émerveillé comme un enfant devant le père et le fils Djorkaeff, anciennes étoiles du football français, dans le salon présidentiel du Stade de France lors d'une finale de la Coupe de France. Chacun ses idoles. La mienne reste mon père.

Toutes les personnalités m'entourent et me félicitent. Elles me prennent dans leurs bras, elles m'étreignent. Désormais, elles ne me verront plus de la même manière car elles ont pris conscience du chemin que j'ai parcouru. Elles sont également touchées par ma petite famille. C'est un véritable tourbillon… J'ai le sentiment que cette cérémonie marque la fin d'un cycle. Elle symbolise à la fois la mort de la jeune enfant de Châteauroux qui s'est battue pour avoir les mêmes droits que les autres, et la nouvelle vie d'une femme, prenant conscience de la réalité telle qu'elle est, et non telle qu'elle pense qu'elle devrait être.

J'ai écrit ces lignes il y a déjà plus de quatre ans et je ne pensais pas que d'autres événements plus importants arriveraient. Je ne pensais pas que je serais nommée ministre, moi qui avais quitté la politique avec beaucoup d'amertume. J'étais sortie après une défaite cuisante, une violente claque reçue aux législatives contre Christophe Caresche, lorsque je m'étais présentée dans le 18e arrondissement de Paris entre Barbès-Rochechouart et le boulevard de Clichy. Cet arrondissement est connu pour ses nombreux et pittoresques commerces de sexe, son trafic de stupéfiants (réputé dans toute l'Ile-de-France) et les travestis qui s'y prostituent boulevard Ney.

La circonscription était, de toute façon, perdue d'avance. On n'allait quand même pas donner une investiture gagnable à une Arabe, ou, pour le dire dans un langage plus politiquement correct, à une femme issue de la diversité. Le plus grave c'est que l'UMP, y compris lors des législatives de juin 2012, n'a toujours pas réussi à faire sa révolution en promouvant des femmes ou des personnes d'origine maghrébine ou africaine. Le mouvement demeure machiste et misogyne. Quand ses membres mettent en avant une jeune femme maghrébine brillante comme Salima Saa, l'ancienne présidente de l'Acsé, c'est pour lui donner une circonscription dont personne ne veut. Elle a d'ailleurs été battue dès le premier tour dans le Nord à Roubaix. Mais à Henri Guaino, ancien collaborateur de Philippe Séguin, plume du président de la République, se prenant depuis pour le nouveau André Malraux, on offre une circonscription en or dans les Yvelines, Le Chesnay, La Celle-Saint-Cloud, où même un âne gagnerait s'il se présentait sous l'étiquette UMP. Il l'a d'ailleurs remportée avec plus de 60 % des suffrages alors qu'il y avait été parachuté un mois avant l'élection.

Les partis politiques, en particulier l'UMP, ne sont que l'instrument d'un système politique féodal et archaïque. La révolution reste à faire pour que demain l'Assemblée nationale soit plus représentative de la société française et, plus généralement, pour que les élites ne soient pas exclusivement réservées à une minorité dont la légitimité et les compétences sont discutables. Je le reconnais, lors des élections législatives de juin 2012, le Parti socialiste a réalisé un effort sans précédent pour féminiser davantage l'Assemblée nationale, pour faire confiance à de jeunes candidats et pour investir des politiques issus de la diversité dans des circonscriptions où ils avaient réellement des chances de gagner. La brillante Seybah Dagoma, le vieux routier Kader Arif ou le redoutable Razzy Hammadi ont ainsi fait leur entrée dans l'hémicycle. Najat Vallaud-Belkacem est, quant à elle, la porte-parole du gouvernement de Jean-Marc Ayrault. La République ne pouvait pas être incarnée par un plus beau visage.

J'avais été très fière d'être investie par mon parti, l'UMP. Mais j'ai vite déchanté. Ma courte, et néanmoins riche expérience en politique, surtout en coups reçus de la part de l'équipe rapprochée de Nicolas Sarkozy, « la firme », m'avait vaccinée contre toute envie de poursuivre une carrière dans ce milieu après 2007. Je n'ai eu aucun soutien de la machine politique, pas même un encouragement, seulement des humiliations (Pierre Charon, bon vivant et amuseur en titre de Nicolas Sarkozy, aujourd'hui sénateur de Paris, m'avait affublée d'un surnom charmant croyant faire un jeu de mot hilarant à partir de mon nom de famille : « bout de gras », j'en ris encore), voire des menaces, comme celles de Frédéric Lefebvre. Celui-ci m'avait promis les pires représailles si je m'aventurais à signer une pétition qui avait été rédigée par Rachid Kaci. Kaci était un militant très engagé issu du parti Démocratie libérale, un homme un peu effronté qui n'avait pas hésité, en 2007, à présenter sa candidature à la tête de l'UMP contre Alain Juppé, avec son mouvement La Droite libre. Il est depuis devenu sous-préfet. À l'époque des faits, il était secrétaire national et sa pétition exigeait qu'une place plus grande dans les investitures soit réservée aux personnes de la diversité. Frédéric Lefebvre n'avait pas apprécié qu'on puisse, ne serait-ce qu'un instant, critiquer les choix de Nicolas Sarkozy en matière d'investiture. Tout devait sembler parfait aux yeux du public. La critique était chassée et bannie.

Je me suis toujours sentie française et je suis fière de l'être. Je n'ai jamais eu de problème d'identité comme je n'ai jamais eu le sentiment, que beaucoup d'enfants d'immigrés peuvent connaître, d'être coincée entre deux cultures, entre les deux rives de la Méditerranée. Je suis d'ailleurs toujours surprise quand la question de mes origines m'est posée. Avec humour et malice, je réponds que je suis berrichonne. Et je prends généralement beaucoup de plaisir à voir le visage stupéfait de mes interlocuteurs. Comment une femme aux cheveux de geai, à la peau dorée, aux yeux noirs en amande soulignés par le khôl, pourrait-elle être berrichonne ? Perplexes, ils me reposent souvent la question en la formulant : « Non mais les autres origines, vous savez ? » D'un ton tout aussi ferme, je persiste et je signe : « Vous savez, je suis castelroussine comme Michel Denisot ou Gérard Depardieu, c'est dans la région Centre. » Mais ce petit jeu s'est parfois retourné contre moi. Un jour, au bureau politique de l'UMP, un secrétaire d'État du gouvernement de Jean-Pierre Raffarin, fronçant les sourcils, m'a clairement expliqué devant ses collègues députés que je ne pouvais pas dire cela. Je lui ai demandé pourquoi. Je suis née à Châteauroux à la clinique des Bleuets, le 26 août 1973, jour anniversaire de la Déclaration des droits de l'homme et du citoyen de 1789. Voici ce qu'il m'a répondu : « Parce que le sang qui coule dans tes veines n'est pas français. » Imaginez la douleur que j'ai ressentie devant de tels propos tenus par un homme censé représenter la nation. Je suis restée sans voix.

En tout cas, toutes ces personnes aux idées que je ne partage pas m'avaient définitivement convaincue de quitter l'UMP après les législatives. Mais j'ai entendu pire. J'ai été traitée de sale fille de traîtres par Abderrahmane Dahmane, parce que j'étais fille de harki. Cet homme était, entre 2005 et 2007, secrétaire national de l'UMP en charge de la diversité. Après l'élection de Nicolas Sarkozy, il deviendra, c'est son titre de gloire, son conseiller à la diversité à l'Élysée, avant d'être remercié en mars 2011 pour avoir déclaré que l'UMP de Jean-François Copé était « la peste pour les musulmans ».

En me traitant de fille de traître, de harki, il savait ce qu'il faisait et ce n'était pas anodin. Dans sa grande générosité, l'UMP m'avait investie à Barbès-Rochechouart, haut lieu du combat indépendantiste algérien en métropole pendant la guerre d'Algérie. De nombreux émigrés de l'époque, et d'autres qui ont fui l'Algérie quelques années plus tard pour échapper aux fondamentalistes islamistes, y vivent encore. Ainsi se retrouvent dans les cafés, comme chez Loutfik rue des poissonniers, des chibanis, ces hommes aux cheveux blancs, d'anciens ouvriers, des artisans, des journalistes ou encore des écrivains.

Pour colporter ces horreurs sur moi, Abderrahmane Dahmane se présentait à la mosquée Myrha, un lieu célèbre qui a connu un fait divers assez sordide : l'assassinat de l'imam Cheikh Abdelbaki Sahraoui. Ce dernier avait été abattu d'une balle dans la tête, dans une salle de prière, le 11 juillet 1995. Il était connu des services, comme on dit, car il était l'un des cofondateurs du Front islamique du salut (FIS) algérien. Évidemment, quand Dahmane allait à la mosquée le vendredi auprès des fidèles en les incitant à ne pas voter pour une fille de traîtres, j'étais horrifiée, terrifiée, mortifiée... Je ne saurais exprimer encore aujourd'hui le sentiment qui m'a envahie quand je l'ai appris. Or, à l'UMP tout le monde s'en fichait. Je me souviens encore de ce jour où, au bureau politique du 55 rue La Boétie, au siège de l'UMP, Brice Hortefeux, le fameux Auvergnat, m'a répondu avec agressivité : « Ce sont des problèmes entre vous, on ne veut rien savoir. » Je vois encore le geste de sa main qui accompagnait sa colère. Pour lui, c'étaient des problèmes entre Arabes. Mais les choses dérapèrent très vite. Furieux que j'aie rendu public ses attaques, le futur conseiller élyséen me menaça physiquement. J'étais bouleversée car dans le 18e arrondissement, où prospérait le trafic de Subutex, une drogue de substitution, entre les dealers et les crackers, j'imaginais qu'il serait assez facile de donner deux francs à un camé pour qu'il me flanque une rouste. Je m'en inquiétais auprès de Claude Guéant qui, tout en riant, ne fit rien. La situation me préoccupait trop pour que je la prenne à la légère. Je me confiais à des habitants du quartier, tous algériens et anciens militants du FLN. Ils me rassurèrent et s'occupèrent de Dahmane. Je n'ai plus entendu parler de cet homme pendant des mois. Ils ne l'ont pas tué. Ils l'ont seulement menacé pour s'assurer qu'il ne puisse jamais envisager de me toucher ne serait-ce qu'un cheveu. J'étais protégée par le clan, le groupe constitué par ces hommes modestes que je connaissais depuis peu. Notre histoire algérienne commune nous avait pourtant séparés, ils étaient du côté du FLN, moi je suis fille de harki. Mais la France nous avait réunis.

Pour ajouter au tableau déjà peu glorieux de l'UMP et de ses éminents représentants, j'avais droit aux attaques, certes plus sournoises, de Rachida Dati. On était loin des quartiers populaires, mais néanmoins chaleureux et généreux, du 18e avec Rachida, qui était devenue maire du très bourgeois 7e arrondissement. Je l'ai rencontrée il y a presque dix ans dans une réunion organisée à Matignon par la plume de Jean-Pierre Raffarin, Hakim El Karoui, autour des questions de la diversité. Brillant normalien d'origine tunisienne, ce dernier fut à l'origine du think tank XXIe siècle, sorte de Rotary Club de la diversité destiné à promouvoir les jeunes diplômés issus de l'immigration. À l'époque, Rachida était conseillère de Nicolas Sarkozy, alors ministre de l'Intérieur. Elle était toujours accompagnée d'une autre conseillère du ministre qui travaillait en sous-main pour elle, Marie-Hélène Debarre.

Les dîners organisés une fois par mois par le club XXIe siècle nous permettaient de nous voir, d'échanger, et surtout de rire ensemble avec la « Maghreb connexion ». Ce concept bougrabien désigne l'organisation informelle du réseau d'enfants d'immigrés, notamment algériens, nés de parents souvent analphabètes mais ayant réussi grâce aux études. Ils sont devenus médecins, avocats, chefs d'entreprise, hauts fonctionnaires, prouvant ainsi que l'ascenseur social peut encore fonctionner en France.

Rachida était la plus drôle de la bande, sorte de petit trublion qui ne pouvait jamais rester silencieuse lors des dîners ou des réunions officielles. Tout le monde a vu dans la presse cette photo terrible d'un huissier au Parlement européen lui demandant de se taire en décembre 2011. Être assis à côté d'elle à table, c'est la certitude de passer une soirée joyeuse. J'aimais sa fraîcheur, son côté sans-gêne. Mais je n'avais pas perçu, sans doute par naïveté, son ambition dévorante qui lui permettait de déployer une énergie stupéfiante, de faire preuve d'abnégation voire de trahir pour arriver à ses fins. On ne pouvait pas s'imaginer, lorsqu'on la voyait, ce dont elle était capable pour obtenir ce qu'elle voulait.

Rachida était une toute petite femme très frêle, avec des cheveux courts très noirs, comme son âme, des perles aux oreilles, et des ballerines aux pieds. Rien à voir, alors avec la fashion victime adepte des boutiques de l'avenue Montaigne. Elle ne portait pas encore ces stilettos de douze centimètres sur lesquels elle se perche aujourd'hui, y compris lorsqu'elle visite les ruines de la guerre en Libye, comme ce fut le cas en juillet 2012, où elle obligea ses accompagnateurs à lui tenir la main pour éviter qu'elle ne tombe par terre. L'icône glamour posant à la une de *Paris Match* en bas résille n'était pas encore née.

Toutes ces ruses dont elle a usé et abusé ont merveilleusement fonctionné. Rachida est devenue garde des Sceaux, ministre de la Justice. Elle a su habilement jouer la carte de la diversité au moment opportun. Pour réussir, cette femme plus intelligente que la moyenne a écarté toutes les autres personnes issues de la diversité. C'était son fonds de commerce. Elle n'a donc eu de cesse de médire à mon sujet. Je ne m'apercevais de rien ; on se voyait souvent, on partageait des moments d'intimité. J'ai écouté pendant des heures ses prétendues misères professionnelles au sein du cabinet ministériel de Nicolas Sarkozy (et en particulier celles qu'elle attribuait à un proche de Claude Guéant, Hugues Moutouh, professeur de droit), aussi bien que ses nombreux déboires sentimentaux. Comment ne pas être attendri par elle ?

Rachida savait susciter de l'empathie pour sa personne. Je l'ai vue manœuvrer auprès de

Cécilia Sarkozy, une femme remarquable attachée à la promotion des filles des cités. Elle se présentait à elle comme la beurette victime des quartiers et de la violence de sa famille. Elle en jouait outrancièrement, n'hésitant pas à évoquer le sort des jeunes filles violées au cours de tournantes, hélas nombreuses, dans les cités. Quand elle était avec l'ex-femme du chef de l'État, c'était une autre. Rachida devenait une petite fille à protéger, elle se voûtait, physiquement, pour grossir le trait et se faire passer pour une victime. La veille d'un conseil national de l'UMP sur l'Europe au parc des expositions, porte de Versailles, lors d'un entretien auquel j'ai assisté dans le bureau de Cécilia à l'UMP, j'avais été frappée par son attitude. Je ne la reconnaissais pas. Mais la chipie était douée ; elle avait réussi à faire partie du panel de personnalités qui interviendraient devant des milliers de militants. La redoutable machine Dati était en marche.

Rachida est une femme caméléon comme j'en ai peu vu dans ma vie. Mes collègues du Conseil d'État, parmi lesquelles Mireille Imbert-Quaretta, ancienne conseillère rattachée au cabinet du ministre de la Justice sous Lionel Josphin, m'ont appris le double jeu qu'elle a joué avec moi pendant des années. Ils sont venus me voir, l'air compatissant, posant leur main sur mon épaule. Je n'ai compris que plus tard pourquoi ils se comportaient ainsi, lorsque j'ai lu le livre de Michaël Darmon et Yves Derai, *Belle-Amie*. Au Conseil d'État, on se délecte toujours de ces livres révélant les secrets du petit microcosme parisien, manière pas très glorieuse de penser qu'on est au cœur du pouvoir. Les deux journalistes expliquent dans leur livre : « Rachida l'a tuée comme une petite mouche. Comme avec beaucoup d'autres, elle l'a discréditée en faisant courir le bruit qu'elle courtisait Nicolas Sarkozy. C'est sa technique. Une intrigante hors pair [1]... » Copine rigolote en façade mais intrigante redoutable dans l'ombre, Rachida a réussi à m'écarter du pouvoir sans difficulté, mettant un terme provisoire à mon engagement politique. Sotte que j'étais, je n'avais rien vu venir.

Alors quand Nicolas Sarkozy m'a remis cette décoration en 2007, j'ai été soulagée de quitter un milieu pour lequel je n'avais plus envie de me battre. Je voyais mon arrivée au Conseil d'État comme une seconde chance, l'occasion de repartir sur de nouvelles bases, loin de la bassesse et des intrigues d'un petit monde que j'avais fini par haïr.

---

1. Michaël Darmon et Yves Derai, *Belle-Amie*, Éditions du Moment, 2009, p. 42.

Ne jamais dire jamais... Presque trois années après un passage peu remarqué dans la vie publique, c'est le moins qu'on puisse dire, Claude Guéant m'appela pour me demander de présider la Haute Autorité de lutte contre les discriminations et pour l'égalité (HALDE). Cette nomination marqua mon retour en politique. Je ne pensais pas qu'on pouvait me confier un tel poste. J'entendais sur les ondes des radios depuis quelques jours une polémique grossir suite aux propos de Gérard Longuet sur la possible nomination de Malek Boutih, ancien président de SOS Racisme, comme successeur de Louis Schweitzer, premier président de la Halde. Lors d'une interview en mars 2010, le sénateur lorrain avait déclaré qu'il serait sans doute préférable d'avoir un président issu du « corps traditionnel français ». Mes collègues, outrés plus que de mesure, plaisantaient en disant que je devais être nommée. Je trouvais leur idée saugrenue. Entre-temps, j'appris que je serais nommée. Je devais garder le secret alors que les plaisanteries se poursuivaient dans la salle du Conseil d'État. Quelques jours après le coup de téléphone de Claude Guéant, la nouvelle fuita dans la presse. Ma vie prenait un nouveau tournant. Le même jour, mon ex m'apprenait qu'il allait se marier. Je n'ai pas pu apprécier ce moment de gloire éphémère, et me suis mise à pleurer comme une madeleine. Je voulais avoir un enfant avec lui. Il faut dire que tout ce que j'ai pu réaliser dans ma vie a été fait dans une grande solitude. Je suis la caricature des femmes dites « célibattantes » dans les magazines féminins. Les larmes ne faisaient que couler sur mon visage dans ce grand bureau de l'Agence nationale pour la cohésion sociale et l'égalité des chances où j'avais été nommée quelques mois plus tôt. L'Acsé est un établissement public qui a été créé au lendemain des émeutes dans les banlieues, en octobre 2005, après la mort de Zyed et Bouna dans le transformateur électrique de Clichy-sous-Bois où ils avaient trouvé refuge pour échapper à la police. Cette structure coordonne l'ensemble des moyens de la politique de la ville. Elle tente, par une politique de redistribution des moyens, de rétablir un semblant d'égalité des chances pour les habitants de ces quartiers. Ces derniers ont été abandonnés depuis de si nombreuses années par le service public, qu'ils n'ont même pas accès aux services les plus élémentaires comme les transports publics. Les banlieues sont devenues des territoires enclavés. Souvent, les jeunes ne quittent jamais leur quartier, ce qui, en termes de mobilité, est une catastrophe compte tenu du taux de chômage très élevé (il peut dépasser les 50 %) dans ces lieux.

Si je devais résumer les sept mois passés à la tête de cette autorité administrative indépendante, je dirais un mot : « Vietnam ». Pas le pays, la guerre. J'ai vécu l'enfer dans une institution en laquelle je croyais pourtant tellement. Elle incarnait, à mes yeux, la volonté de matérialiser le principe d'égalité, de lutter contre les discriminations et l'intolérance. Parce que je défendais une vision républicaine de l'intégration, de l'égalité, j'ai mis à feu et à sang cette structure et obtenu une victoire : la réaffirmation du principe de laïcité face à la montée des communautarismes dans l'affaire de la crèche Baby-Loup. Grâce à ceux qui n'ont eu de cesse de m'attaquer pendant cette période, j'ai été nommée ministre de la Jeunesse et de la Vie associative. On devrait toujours dire merci aux imbéciles. Ils nous obligent à être meilleurs. Je reconnais toutefois que je me serais passée des papiers du *Canard enchaîné*, des menaces de mort, des plaintes déposées au commissariat du 9e arrondissement, des manifestations de la CFDT devant mon bureau. Je me souviendrai toujours d'un article paru dans *L'Express* dans lequel un journaliste, reprenant les propos d'un délégué syndical, avait qualifié mon management de « brutal et de droite ». Malgré, ou plutôt grâce à tout cela, j'ai été nommée ministre. Parce que je n'ai jamais cédé au sein de l'institution, et que j'ai défendu avec pugnacité les principes auxquels je crois, j'ai été récompensée. Voilà la leçon à tirer de cette courte, mais intense expérience au sein de la Halde.

C'est donc à travers ces différentes institutions, l'Université, le Conseil d'État, la Halde et le ministère de la Jeunesse, que j'ai pris conscience de la nécessité de réaffirmer les principes fondamentaux de notre chère République, et, plus encore, de faire en sorte qu'ils deviennent réels et ne restent pas de simples formules. La France doit cesser d'être schizophrène, d'affirmer des principes et d'appliquer leurs contraires. Les disparités territoriales, l'injustice sociale inhérente aux origines, le sexisme, le racisme et l'antisémitisme, entre autres, tous ces fléaux gangrènent silencieusement notre société dans une quasi-indifférence des pouvoirs publics. Les compromis avec nos principes et nos valeurs ne sont plus acceptables.

Les femmes et les hommes publics devraient cesser de se complaire dans un politiquement correct devenu insupportable, et arrêter de penser, même s'ils le font la main sur le cœur, que tout va bien. D'après eux, il n'y aurait pas de montée des communautarismes et des fondamentalistes en France, et l'islamisme serait une invention de la droite. On met sans cesse un voile sur ce qui corrompt la République. « Il y a quelque chose de pourri dans le royaume. » La formule de Shakespeare illustre parfaitement la situation de notre pays.

La première conséquence de cet aveuglement est l'installation définitive des partis extrêmes en France, comme d'ailleurs dans les autres pays européens. Lors des dernières élections présidentielles, le Front national, mené par une Marine Le Pen que l'on disait inexpérimentée, a recueilli le suffrage de plus de 6,4 millions d'électeurs. Aux élections législatives, deux sièges ont été remportés par ce même parti. En Europe, les nouveaux populismes se sont installés il y a déjà quelques années. Ils étaient incarnés, notamment, par un homme, Pim Fortuyn, leader de l'extrême droite aux Pays-Bas, assassiné le 6 mai 2002 de cinq balles, mais qui a trouvé son successeur en la personne de Geert Wilders. Ce dernier a défrayé la chronique lorsqu'il a été poursuivi pour incitation à la haine raciale après avoir comparé l'islam au nazisme et le Coran à *Mein Kampf*. Les extrêmes font leur lit dans notre lâcheté.

La deuxième conséquence de ce déni de la réalité est la précarisation et l'exclusion des plus fragiles. Les jeunes filles de culture arabo-musulmane en font partie. Même si le statut de victime ne leur sied pas réellement car elles sont des combattantes extraordinaires voire des révolutionnaires. Les femmes algériennes incarnent parfaitement ce paradoxe. Inférieures juridiquement, elles ont su participer à la conquête de l'indépendance de l'Algérie. Très tôt, dès 1954, elles ont rejoint le maquis pour se battre contre les colonisateurs. Elles ont intégré l'Armée de libération nationale et les différents réseaux de guérilla urbaine qui sont notamment montrés dans le film *La Bataille d'Alger*. Leur rôle dans la lutte pour la libération a d'ailleurs été reconnu par plusieurs textes fondamentaux dont la Constitution algérienne de 1963, sans pour autant que le gouvernement algérien ne consacre l'égalité entre les femmes et les hommes. Le code de la famille, modifié en 1984, en fait d'éternelles mineures sous la tutelle de leur père, puis de leur époux. La brillante ministre de la Culture algérienne, Khalida Toumi, militante féministe, célibataire, rappelle en plaisantant que si elle voulait se marier, elle devrait d'abord avoir l'autorisation de son père. Ministre et mineure à la fois, quel paradoxe !

Je ne peux m'empêcher de penser à la petite Sohane, 17 ans, retrouvée morte après avoir été brûlée dans un local à poubelles de la cité Balzac à Vitry-sur-Seine, en octobre 2002. Le choix du lieu de son assassinat est symboliquement violent. Il nie toute humanité à cette jeune femme, morte dans d'atroces souffrances après avoir été aspergée d'essence et enflammée à l'aide d'un briquet. Des petits caïds avaient décidé de la brûler vive pour montrer l'exemple et dissuader celles qui auraient pu vouloir s'émanciper ou se rebeller contre cet ordre imposé par une minorité. De cet événement tragique naîtra le mouvement Ni putes ni soumises mené par Fadela Amara et soutenu par des marraines de renom comme Élisabeth Badinter, philosophe inclassable et engagée, Gisèle Halimi, avocate militante ayant défendu en 1972, lors du procès de Bobigny, la jeune Marie-Claire, 16 ans, tombée enceinte après un viol et qui avait eu recours à l'avortement alors qu'il n'était pas encore légalisé en France, ou encore Valérie Toranian, rédactrice en chef du magazine *Elle*, qui a su mêler habilement les articles légers et les textes engagés en faveur de la cause féministe dans les pages de son hebdomadaire.

Les actuelles jeunes femmes issues de l'immigration ont su, mieux que leurs frères, s'intégrer, réussir des études et accéder à des postes à responsabilité. La beurette qui réussit n'est pas un mythe, c'est aussi une réalité, mais encore trop de femmes restent sur le bord de la route. Et quand elles réussissent, elles en payent le prix fort. Elles sont souvent obligées de rompre avec leur famille et leur culture pour s'émanciper et trouver cette liberté promise par la République. Dans leur vie professionnelle, elles doivent généralement se déqualifier pour trouver un emploi. Le plafond de verre se matérialise très vite pour elles. Leur origine étrangère et leur sexe sont des facteurs aggravants en matière de discrimination, je sais de quoi je parle. Elles cumulent les handicaps. Et pourtant elles ne se plaignent pas et ne manifestent jamais pour réclamer telle ou telle chose.

Parce que je n'ai pas envie de voir le nombre de parlementaires du Front national se multiplier à l'Assemblée nationale, Gilbert Collard et Marion Le Pen suffisent, parce que nous avons un devoir de protection à l'égard de ces jeunes filles des quartiers populaires, il importe de comprendre comment on a pu en arriver là. Je demeure convaincue que c'est le résultat d'une impuissance à affirmer ce qui faisait l'essence et la grandeur du modèle français, symbolisé par la Déclaration des droits de l'homme et du citoyen du 26 août 1789 et par ses principes, *liberté, égalité, fraternité*, qui avaient vocation à rayonner à travers le monde. Assurément, ce modèle n'a pas toujours été suivi dans l'histoire de France mais il véhicule et clame encore ses principes universels à l'origine de nombreuses utopies et révolutions. Du fait d'une certaine lâcheté, et d'une culpabilité postcoloniale qui n'a plus de sens, cinquante ans après la décolonisation, le relativisme juridique et culturel a triomphé dans les milieux parisiens. On a renoncé à affirmer ce qui définissait notre République : la laïcité, l'égalité des chances, l'école comme lieu de savoir et de promotion sociale, l'armée comme creuset de la citoyenneté. Les républicains devraient reprendre ces étendards en proposant des solutions réalistes et concrètes pour ne pas laisser perdurer une inquiétude, un malaise qui ne pourront que conduire au désastre.

Une laïcité moribonde ; il n'existe pas de charia light

Si vous voulez mieux me connaître, je dois vous décrire brièvement mes parents qui sont des ovnis dans le paysage classique des familles maghrébines. En effet, s'ils sont de culture musulmane, ils ne remplissent pas toutes les cases de l'islamité. Ils sont certes croyants mais pas pratiquants. Par exemple, je crois qu'ils ne connaissent pas une seule prière, pas même la Fatiha. Ceci vous paraît sans doute être un détail sans conséquence. Il n'en est rien. Je m'en suis rendu compte à mes dépens quand j'étais à Jérusalem. La Fatiha est le sésame prouvant son appartenance à la religion musulmane et permettant l'entrée sur l'esplanade des Mosquées pour contempler la fameuse mosquée al-Aqsa et le célèbre dôme du rocher, troisième lieu saint de l'islam après La Mecque et Médine. Je n'ai malheureusement pas pu visiter ce site exceptionnel car je ne connaissais pas la Fatiha, mes parents n'ayant jamais eu la présence d'esprit de me l'apprendre. La Fatiha, la première sourate du coran, est prononcée par tous les croyants quotidiennement dans les cinq premières prières. Les prières quotidiennes constituent l'un des cinq piliers de l'islam, comme le jeûne du ramadan ou le pèlerinage à La Mecque. Elles commencent toutes par « Au nom de Dieu, le clément, le miséricordieux ». Maintenant je la connais, mais c'est trop tard.

S'intégrant, ou plutôt voulant se fondre pleinement dans la société française pour devenir, d'une certaine manière, invisibles au regard des autres, mes parents ont mélangé les pratiques religieuses propres au catholicisme et à l'islam. Combien de fois ai-je vu ma mère aller brûler un cierge à l'église le 15 Août, ou revenir avec du buis béni lors des Rameaux. En revanche, certaines règles subsistaient et n'étaient pas négociables : le porc et l'alcool. Ces derniers n'avaient pas droit de cité à la maison. Ainsi, Noël, où ce chimérique Père Noël n'apportait jamais aucun cadeau, faute de moyens, et Aïd El-Kebir, où l'on égorgeait un mouton pour commémorer le sacrifice fait par Abraham, coexistaient pacifiquement dans notre petite vie familiale. Sapin de Noël, œufs de Pâques, mouton égorgé, rythmaient notre vie religieuse. Mélange, assemblage, patchwork, melting-pot, voilà résumée la spiritualité des Bougrab.

Mes parents rejetaient viscéralement certains rituels de l'islam. Ils étaient notamment fermement hostiles à la pratique du ramadan pour leurs enfants. Ce mois de jeûne symbolise pour les musulmans la révélation du Coran. Mon père et ma mère craignaient que la fatigue et l'étourdissement ne nuisent à mes résultats scolaires. Je les ai toujours trouvés exemplaires sur ce plan car ils ont constamment privilégié mon éducation et ma réussite scolaire face aux croyances et rituels. Pourtant ma famille vient du fin fond des montagnes de Blida, et mes parents ne savent ni lire ni écrire. Mais ils incarnent mieux que quiconque l'image que l'on peut se faire de l'esprit des Lumières teinté de tolérance.

On est loin de la polémique de juillet 2012 dans laquelle la mairie de Gennevilliers, pour la sécurité des enfants, avait suspendu quatre moniteurs de colonies de vacances qui faisaient le ramadan. Cette décision, qui fut annulée quelques jours plus tard devant les protestations des habitants musulmans de la commune, était pourtant motivée par des raisons d'ordre public. L'année précédente, une jeune animatrice qui conduisait un bus, étourdie par le jeûne imposé par le ramadan, avait eu un accident. Plusieurs enfants avaient été hospitalisés. On peut légitimement comprendre les raisons qui ont poussé la ville et son maire communiste, Jacques Bourgoin, à agir ainsi en restreignant la liberté cultuelle. Mais le parti de Marx s'est incliné devant l'opium du peuple : la religion. Accepteriez-vous d'être opéré à cœur ouvert par un chirurgien qui en est à son quinzième jour de jeûne, et qui ne s'est pas alimenté ou hydraté depuis la veille au soir ? J'en doute. Pourquoi alors confier des enfants à des personnes qui ne disposaient pas physiquement de l'ensemble de leurs moyens en raison du jeûne qu'ils suivaient ?

Pendant des dizaines d'années, le ramadan n'a pas posé de problèmes en France. Les ouvriers comme mon père prenaient généralement leurs congés pendant cette période pour ne pas perturber le fonctionnement de l'usine. Aujourd'hui, la pratique du culte devrait primer sur tout, et les autres principes tels que l'égalité ou la laïcité devraient s'effacer. On exige que la société s'organise autour d'elle. Dans des écoles, notamment en banlieue comme à Montfermeil, des gamins de parfois moins de dix ans font le ramadan alors que le texte coranique ne l'impose pas pour les enfants. Vous voyez même apparaître une censure sociale mise en place par des individus qui agressent ceux qui ne jeûnent pas. Des hommes viennent frapper à la porte des appartements à l'heure des repas pour vérifier que tous respectent le rite. En milieu carcéral, c'est pire. Une forme de terreur règne. À Marseille, ville métissée, ayant pour icône un joueur de football kabyle, Zinedine Zidane, un restaurateur d'origine égyptienne âgé de plus de 60 ans s'est fait sauvagement agressé car son commerce était ouvert pendant le ramadan.

Tous ces actes de violence vont à l'encontre de ce que représente l'islam et de la philosophie qui entoure cette période de jeûne. La radicalisation de l'islam est bien là, en France. Ailleurs la situation est pire, certes. Ne pas faire le ramadan relève du pénal. Des personnes sont jetées en prison parce qu'elles sont prises en flagrant délit en train de boire ou de manger. Pour avoir dégusté un casse-croûte sur un chantier en plein mois du ramadan en août 2010, deux hommes de confession chrétienne ont été poursuivis devant le tribunal de Aïn El Hammam par la justice algérienne. Le procureur, dans cette affaire loin d'être isolée, particulièrement dans la région de la rebelle Kabylie, ne requérait pas moins de trois ans de prison ferme pour atteinte à l'ordre public et à la religion. Alors que se terminait le ramadan en août dernier, un jeune Marocain a été moins chanceux. Il a été condamné, sur le fondement de l'article 222 du code pénal marocain, à trois mois de prison ferme. Cet article des plus surprenant dispose : « Tout individu notoirement connu pour son appartenance à l'islam qui rompt ostensiblement le jeûne dans un lieu public est passible de un à six mois de prison et d'une amende. » Chaque année, dans le royaume chérifien, des dizaines de rebelles sont arrêtés et condamnés à de la prison ferme parce qu'ils n'ont pas respecté le jeûne du ramadan.

Les athées, les chrétiens et les autres ont désormais du souci à se faire dans le monde arabo-musulman de moins en moins tolérant. On a le sentiment que la modernité sociale n'arrive pas à se greffer dans ces États. Le dogme religieux est de plus en plus présent. Il est la source principale de l'ensemble du système juridique. C'est la fin de la sécularisation du droit et on assiste à un véritable retour en arrière.

Mais dans ma famille, le ramadan, on ne connaissait pas. C'est seulement en venant à Paris, en fréquentant des amis de confession musulmane, pratiquants, que j'ai pris conscience de son importance. En mondaine qu'il m'arrive parfois d'être, j'apprécie la convivialité de l'iftar, moment de rupture du jeûne du ramadan, moment de partage, loin de toute cette haine.

Lackdar et Zohra Bougrab, mes parents, ne m'ont jamais contrainte à croire ou ne pas croire en telle ou telle religion. Ils m'ont encouragée à leur manière à trouver par moi-même une forme de spiritualité. Pour tout vous dire, je n'ai rien trouvé. Je suis devenue athée. Je reconnais que cela dérange un peu ma mère. Par superstition, je crois. Elle pense que le mauvais œil pourrait s'abattre sur moi. Ou que Dieu pourrait me punir de ne pas croire.

Rien d'étonnant à ce que je ne me sois jamais trouvée d'atomes crochus avec Nicolas Sarkozy ou, plus généralement, avec l'UMP, sur le fait religieux. Je me souviendrai toujours de mes premiers pas en politique. Après la condamnation au pénal d'Alain Juppé en 2004, dans le cadre de l'affaire des emplois fictifs de la mairie de Paris, la présidence provisoire de l'UMP avait été confiée au jeune François Baroin, alors député-maire de Troyes, le Harry Potter de la politique. Ce dernier désigna Luc Chatel, Yves Censi, Valérie Pécresse et moi-même comme porte-parole du parti. Chaque lundi matin, nous nous réunissions au siège de La Boétie pour définir les lignes de notre communication en présence de Marie-Laure Simon-Beaulieu, la directrice de communication de l'UMP qui fut un temps l'assistante parlementaire de Nicolas Sarkozy. À l'époque, je l'avoue, j'étais un peu timide et réservée. Je ne me révoltais pas toujours quand j'entendais des idioties, y compris lorsqu'elles me concernaient. Un lundi matin, Valérie Pécresse, brillante énarque, maître des requêtes au Conseil d'État, et dont le grand-père, le grand psychiatre Louis Bertagna, avait été le médecin de la fille de Jacques Chirac, recevait un invité dans le bureau que nous partagions. Elle me présente en précisant que je ne suis pas « leur Arabe de service », comme Tokia Saïfi, qui était alors secrétaire d'État du gouvernement de Jean-Pierre Raffarin, mais qu'au contraire j'ai un doctorat en droit et que je suis la protégée de Pierre Mazeaud, à l'époque président du Conseil constitutionnel. Les bras m'en tombent mais je ne dis rien. Je reste sans voix. Son invité commence alors une conversation polie avec moi et me pose la question de mon appartenance religieuse. Je réponds du tac au tac que je suis athée. Effarée, Valérie me reprend en me disant de ne plus jamais le dire car selon elle, l'athéisme serait segmentant. Les Français n'aimeraient pas ceux qui ne croient pas en Dieu. Les mots manquent devant de telles inepties. Je tentai de l'excuser en me disant que cette réflexion devait sans doute lui venir de ses électeurs, les Versaillais. L'influence sociologique des électeurs, la droite catholique pour cette circonscription des Yvelines, sur les élus n'est pas toujours une réussite. L'athéisme est devenu un tabou voire un gros mot en politique. Être croyant serait plus rassurant. La nouvelle tendance à la mode serait de croire en Dieu et les athées paraissent désormais bannis.

Mais le summum de la bigoterie est sans doute le livre d'entretiens que l'ancien chef de l'État, Nicolas Sarkozy, avait écrit avec le père Philippe Verdin [1]. Ses prises de position successives sur le sujet m'avaient éloignée un temps de l'homme. C'est Emmanuelle Mignon, une collègue du Conseil d'État, et ancienne cheftaine des scouts unitaires de France, qui avait présenté le père Verdin à Nicolas Sarkozy. Dans ce livre, ils y sont allés fort. Tout en défendant la place plus importante des religions dans la société, les deux protagonistes expliquaient le rôle civilisateur et apaisant des religions. C'était plus que je ne pouvais lire ou entendre.

Pour moi, hier comme aujourd'hui, la religion a été et demeure trop souvent un élément

---

[1]. Nicolas Sarkozy, Thibaud Collin, Père Philippe Verdin, *La République, les religions, l'espérance*, Cerf, 2004.

d'asservissement et non d'émancipation. Elle se heurte à la raison et au progrès scientifique. Sans remonter au procès de Galilée en 1663 (qui opposa cet homme de science, fervent défenseur de l'héliocentrisme, à l'Église qui l'accusait d'hérésie pour avoir soutenu dans son traité, *Dialogue sur les deux plus grands systèmes du monde*, que le soleil était au centre de l'univers), on peut citer le refus de certaines écoles américaines d'enseigner la théorie évolutionniste de Darwin, sous prétexte que l'homme ne descendrait pas du singe mais de Dieu. Je ne vous parle pas non plus du rejet de l'avortement, du préservatif, de la condamnation de l'homosexualité... Je pourrais étendre encore la liste de ces aberrations intellectuelles qui, hélas, ont conduit aux pires exactions, au cours des siècles, au nom de Dieu. Au nom de Dieu on tue des hommes, mais on tue aussi la pensée. Après la condamnation de Galilée par l'Église, seuls les inconscients continuèrent à publier leurs œuvres sans s'autocensurer. René Descartes, pas très courageux, reporta la publication de son essai, le *Traité du monde et de la lumière*, de crainte d'être poursuivi par l'Église. Ma conviction profonde est que progrès et religion sont deux concepts antinomiques.

Mais au XXIᵉ siècle, la liberté de penser ne devrait plus conduire au triomphe de la religion. C'est pourtant le cas. Lors du discours de Latran du 20 décembre 2007, prononcé quelques jours avant Noël, Nicolas Sarkozy osa déclarer : « L'instituteur ne pourra jamais remplacer le curé ou le pasteur. » Rien ne m'est plus étranger que cette formule.

Comment un homme aussi engagé et brillant, très au-dessus de la moyenne de la classe politique française, volontaire et téméraire, peut-il faire appel à la religion et non à la raison pour éduquer nos enfants ? Nicolas Sarkozy ne trahissait-il pas l'esprit de Jules Ferry ? L'ancien président du Conseil de la Troisième République, dans un discours resté célèbre, avait défendu un modèle républicain fondé sur un système éducatif laïque. Au cours d'un débat budgétaire, lors de la séance du 6 juin 1889, il rappelait que « l'enseignement est un devoir de justice envers les citoyens [...] Voilà pourquoi nous ne pouvons remettre qu'à un pouvoir civil, laïque, la surintendance de l'école populaire, et pourquoi nous tenons, comme à un article de notre foi démocratique, au principe de la neutralité confessionnelle. Voilà pourquoi nous tenons fermement à l'école laïque ».

Le pire, c'est que le président Sarkozy est sincère dans toutes ses déclarations. Il n'a là aucune filiation avec Georges Clemenceau, ce qui est pour le moins paradoxal pour celui qui a été l'auteur d'une biographie de l'un des plus proches collaborateurs du Tigre, Georges Mandel[1]. Clemenceau, lui, ne faisait pas de compromis avec le principe de laïcité. Au lendemain de la victoire contre l'Allemagne en 1918, apprenant que l'archevêque de Paris avait invité le président de la République Poincaré au Te Deum[2] à Notre-Dame pour célébrer la victoire du 11 novembre 1918 et honorer les morts pour la France, Clemenceau convoqua immédiatement un Conseil des ministres pour interdire aux membres du gouvernement, au président de la République et aux présidents des chambres, d'assister au Te Deum prévu pour le 17 novembre suivant. Seules les épouses, qui n'avaient aucune fonction politique, pouvaient y assister à titre privé. On était loin des débats sur le statut de première dame soulevés par le tweet de Valérie Trierweiler soutenant l'adversaire de Ségolène Royal à La Rochelle lors des élections

---

1. Nicolas Sarkozy, *Georges Mandel, le moine de la politique*, Grasset, 1994.
2. Chant latin de louange et d'actions de grâce.

législatives en juin 2012. Clemenceau, le Tigre, ne transigeait pas avec un principe pour lequel il s'était battu quelques années auparavant, la laïcité.

La tolérance, au sens voltairien du terme, a bercé mon enfance. Je me dois donc d'accepter ceux qui croient que la religion est l'alpha et l'oméga d'une vie terrestre. La laïcité est le prolongement naturel de la tolérance, et elle la dépasse. Elle émancipe, notamment les femmes, en détachant le droit de la religion. La sécularisation du droit induite par la Révolution française fut une avancée majeure. Le droit canonique étant inégalitaire par essence, détacher le droit civil du droit religieux a été un salut pour les femmes, mais aussi pour nos finances. Avant 1789, le gouvernement prélevait un impôt, la dîme, pour entretenir le clergé ; avant le vote de la loi de 1905 sur la séparation des Églises et de l'État, les prêtres étaient des fonctionnaires.

Ce régime public de la religion dit concordataire n'a pas totalement disparu en France. Il demeure en Alsace-Moselle. Le régime concordataire est issu d'un traité signé entre Napoléon Bonaparte et le pape Pie VII le 16 juillet 1801. Il a été révoqué en 1905, date à laquelle l'Alsace-Moselle était allemande. Aujourd'hui, une réflexion devrait être engagée sur la fin d'un tel système qui ne se justifie plus. Ce n'est sans doute pas la priorité mais l'exemplarité est importante quand on exige de l'islam un certain nombre de compromis nécessaires pour s'adapter au modèle républicain. Soyons honnête, les problèmes à ce jour sont posés par une lecture littérale ou fondamentaliste du texte coranique selon laquelle les femmes seraient d'éternelles mineures réduites au rang de simples objets et pourraient être vitriolées si un homme ou une famille estiment que son honneur a été bafoué. Islam et islamisme sont des notions différentes. Les deux sont d'ailleurs à l'opposé. L'islamisme est l'utilisation à des fins politiques de la religion musulmane dans le but d'instaurer un régime fondé sur la charia. L'islam est seulement l'une des trois religions du Livre.

La plaie du XXIe siècle est l'islamisme dont l'un des pendants est la charia : lapidation, crimes d'honneur, coups de fouet... Dans un très beau livre, sorte de plaidoyer pour les femmes, *La Moitié du ciel*, dont le titre fait référence à la fameuse formule de Mao, « Les femmes portent la moitié du ciel », deux journalistes américains, Nicholas Kristof et Sheryl WuDunn, tous deux prix Pulitzer, décrivent les violences dont les femmes sont victimes. La subtilité de ce texte est de refuser toute posture misérabiliste et d'aborder ce sujet en mettant en avant le rôle de celles qui combattent les crimes silencieux. Les auteurs osent y poser une question qui vaut pour toutes les religions : « L'islam est-il misogyne ? » C'est bien, après tout, au nom de Dieu que, d'après le Fonds des Nations unies pour la population (UNFPA), plus de 5 000 crimes d'honneur sont commis chaque année dans le monde, estimation minorée selon les spécialistes.

Le seul gouvernement pakistanais en avait déclaré 2 061 en 2003. Ces crimes d'horreur, et non d'honneur, sont perpétrés par les familles elles-mêmes. Elles accusent leurs femmes, leurs sœurs, leurs filles d'avoir porté atteinte à leur honneur. Elles les soupçonnent d'avoir eu des relations sexuelles consenties ou non, peu importe. Une femme violée peut ainsi être condamnée à la lapidation puisqu'on estime qu'il y a eu atteinte à sa chasteté. Dans quel monde vit-on ? Dans un district reculé du Cachemire, une adolescente de tout juste 15 ans, Anvu Sha, a été battue puis aspergée d'acide par son père, et avec l'aide de sa mère, pour avoir discuté avec un homme dans la rue sans leur autorisation. Elle est morte des suites de ses blessures le lendemain. C'était en novembre 2012.

Mais nul besoin d'aller jusqu'au Cachemire et de franchir la chaîne du Baloutchistan et les monts Sulayman pour constater l'archaïsme des sociétés réglées par la charia. À moins de trois heures de Paris, au Maroc, il y a quelques mois, une jeune fille de 16 ans a préféré avaler de la mort-aux-rats plutôt que de vivre aux côtés de son violeur qu'elle avait été contrainte d'épouser cinq mois auparavant. Comment une telle chose peut exister dans ce pays si accueillant pour les touristes occidentaux et qui véhicule une image si moderne de la culture arabo-musulmane ? Comment peut-on obliger une victime à épouser son bourreau ? Tout simplement grâce à une disposition scélérate du code pénal marocain ; l'article 475 permet à un violeur d'échapper à la prison s'il accepte, ou plutôt s'il daigne épouser celle qu'il vient d'agresser sexuellement, cela lui permettant dès lors de continuer à perpétrer son crime en toute impunité, violer chaque soir cette innocente[1]. Elle avait 15 ans, elle s'appe-

---

1. L'article 475 du code pénal dispose : « Quiconque, sans violences, menaces ou fraudes, enlève ou détourne, ou tente d'enlever ou de détourner, un mineur de moins de dix-huit ans, est puni de l'emprisonnement de un à cinq ans, de 200 à 500 dirhams. Lorsqu'une mineure nubile ainsi enlevée ou détournée a épousé son ravisseur, celui-ci ne peut être poursuivi que sur plainte des personnes ayant qualité pour demander l'annulation du mariage et ne peut être condamné qu'après que cette annulation du mariage a été prononcée. »

lait Amina Al Fila, elle était de Larache au nord du Maroc près de Tanger, elle avait été abusée à plusieurs reprises par un membre de sa propre famille sous la menace d'un couteau. Elle avait porté plainte mais sa famille, de modestes paysans, pour éviter la *hchouma*, la honte en arabe, et les moqueries dans le village, avait décidé de demander l'autorisation au juge de la marier à son violeur. Depuis 2004, le mariage des mineurs est interdit sauf autorisation du juge. Mariée pendant cinq mois à ce monstre, violentée au quotidien, la mort lui a semblé plus douce que de vivre avec un homme qui la battait et la violait. C'était le 10 mars 2012. Le pire étant que le Maroc a ratifié, il y a déjà presque trente ans, la convention onusienne des droits de l'enfant qui enjoint aux États signataires, à l'article 34, de protéger les mineurs contre toute violence, notamment sexuelle. Vive la bonne conscience des Nations unies.

Peu se sont levés en France pour dénoncer le drame que vivent ces femmes et leurs familles. Ali Baddou, présentateur bon chic bon genre de Canal+, portant sans nul doute le mieux les pulls informes de Zadig & Voltaire et ne s'engageant que rarement politiquement, a pris position à ma grande surprise pour défendre cette jeune fille meurtrie. Son geste est fort. Ali Baddou a dénoncé cette monstruosité dans une tribune courageuse publiée dans *Libération* le 29 mars 2012 et intitulée « La jeune fille, le viol et la loi marocaine ». Quand vous êtes issu de l'immigration, il est toujours compliqué de critiquer votre pays d'origine. Il y a une forme de respect, de pudeur voire d'autocensure. On ne veut pas donner une mauvaise image de sa terre d'origine. Ce texte d'Ali Baddou n'en est que plus remarquable.

Rares sont les politiques ou les journalistes qui ont dénoncé cette ignominie. Beaucoup ont leur villégiature à Marrakech et à Essaouira, ou sont invités dans le luxueux palais de la Mamounia. Comment pourraient-ils combattre, par exemple, l'exploitation sexuelle de jeunes Marocains que l'on y observe ? Le Maroc est devenu une plaque tournante du tourisme sexuel, y compris pédophile, et, si les journalistes courageux, tels que Ali Amar de *Slate Afrique* ou Halima Djigo du site *Yabiladi*, relatent des faits qui font froid dans le dos, l'omerta règne dans ce domaine. Le royaume chérifien est également le premier producteur de cannabis au monde grâce à ses denses exploitations dans le Rif. Mais à côté, la société marocaine, traditionnelle et conservatrice, renvoie une image tout autre. La victoire des islamistes du Parti de la justice et du développement (PJD) aux dernières élections législatives ne fut donc pas une surprise. Ce parti critique violemment depuis des années les abus des touristes occidentaux qui profitent de ces vices dans un pays qui n'est pas le leur.

Mais le Maroc n'est pas un cas isolé, en Tunisie aussi la situation est alarmante. Le 3 septembre dernier, une jeune femme est arrêtée par trois policiers parce qu'elle est assise dans une voiture à côté de son petit ami, dans une « position immorale » d'après les trois hommes. Deux des policiers en profitent alors pour abuser d'elle à l'arrière de la voiture. Peu de temps après, elle se retrouve convoquée devant une juge d'instruction pour « atteinte à la pudeur » alors que c'est elle qui s'est faite violer. Si les trois policiers ont été incarcérés pour viol, la jeune fille risque aujourd'hui six mois de prison. Devant l'indignation soulevée par cette affaire, le président Moncef Marzouki a présenté les excuses de l'État à cette jeune femme le 4 octobre 2012. Ces excuses n'ont pas pour autant mis fin aux poursuites judiciaires engagées contre elle. Quelle honte ! Ce fait dramatique ne fait qu'illustrer la mainmise des islamistes sur l'appareil judiciaire dans ce pays depuis la chute de Ben Ali.

Au regard de ces quelques exemples, vous comprendrez que pour moi il n'existe pas de « charia light » ou d'islamisme modéré. C'est pourquoi j'avais émis des réserves et des critiques sévères à propos des nouveaux gouvernements issus de la révolution du printemps arabe dans une interview au *Parisien* en décembre 2011. J'avais rencontré, lors d'un conseil national de l'UMP, Didier Micoine, journaliste pour ce quotidien, et nous avions discuté dans les couloirs du parc des expositions de la porte de Versailles. Les conseils nationaux de l'UMP sont des lieux, en tout cas pour moi, de grande solitude, même si des milliers de personnes y sont réunies. Les ballets de journalistes copinent avec Nadine, Xavier, Laurent et les autres dans l'espoir d'avoir la petite phrase. Je dois le reconnaître, je n'étais pas la ministre la plus courtisée par la presse, étant avant-dernière au rang protocolaire du gouvernement, et, surtout, nourrissant une méfiance maladive à l'égard des journalistes. Je ne me confiais jamais, ne souhaitant pas voir mon nom apparaître dans un confidentiel. Ma discussion avec Didier Micoine fut franche et sincère. Je lui ai proposé du tac au tac un petit déjeuner ensemble. Cela tombait bien car Jean-Baptiste de Froment, un conseiller de l'Élysée en charge de l'éducation et de la jeunesse, que j'appelais, je le reconnais, avec un certain mépris, le décrocheur, venait de m'envoyer un SMS obséquieux annulant notre rendez-vous. Ce conseiller censurait les ministres avec une grande suffisance. Il n'avait même pas terminé sa thèse de doctorat à Nanterre. Parcours classique d'un normalien, pourtant payé par l'État, qui avait fui l'Éducation nationale pour éviter d'aller enseigner en banlieue. Combien de normaliens peuplent les cabinets ministériels pour ne pas remplir leurs obligations, pour lesquelles ils ont pourtant été payés par la nation ? Il n'empêche qu'il s'était retrouvé, du haut de ses 30 ans, à conseiller le chef de l'État sur la politique éducative, ce qui était pour le moins paradoxal. On comprend dès lors mieux l'échec de Nicolas Sarkozy sur le plan éducatif. Il ne voyait pas que le problème était l'échec scolaire, et que, sans véritable réforme de l'école primaire, on passait à côté de la promesse républicaine. En revanche, en 2007, grâce aux conseils de Bernard Belloc, brillant universitaire appartenant à l'école d'économie de Toulouse, Nicolas Sarkozy a pu réussir l'impossible réforme des universités pilotée par Valérie Pécresse alors ministre de la Recherche.

Après ce petit déjeuner, Didier Micoine et moi nous sommes revus, une confiance s'est installée.

Surpris par mon engagement, il m'a demandé si j'accepterais de donner une interview avec autant de franchise. « Pas de problème », ai-je répondu ; je ne m'attendais pas à en avoir autant.

Quelques semaines plus tard, il me propose une interview sur l'islam que j'accepte sans hésitation. Pour moi, les choses sont simples et claires. Ce n'est pas négociable. Un État de droit se mesure essentiellement en fonction du respect qu'il porte aux droits des femmes. Une Constitution fondée sur la charia, système religieux fondamentalement inégalitaire, ne peut donc être acceptable. Je suis juriste et on peut faire toutes les interprétations, théologique, littérale ou fondamentaliste, mais un droit fondé sur la charia est nécessairement une négation des droits et libertés. La liberté de conscience n'existe plus car l'apostasie est interdite ; un musulman ne peut pas se convertir ; il ne peut pas s'éloigner de sa religion ; les mariages mixtes ne sont pas reconnus. Une femme musulmane ne peut pas épouser un chrétien. Aux yeux de certains, ce n'est peut-être pas grave si des femmes arabes doivent désormais être voilées ou si demain elles n'ont plus les mêmes droits. Mais pas en ce qui me concerne, je n'oublie pas mes origines arabes. En tant que femme arabe, je suis attachée viscéralement à l'égalité juridique. Je ne transige pas.

Avoir tenu ces propos dans un quotidien populaire du groupe Amaury m'a valu un coup de semonce de Matignon, plus précisément du directeur de cabinet du Premier ministre, Jean-Paul Faugère, qui m'accusait du pire : avoir trahi la politique étrangère de la France tendant à soutenir les nouveaux gouvernements arabes issus des urnes.

Moi qui, le 30 janvier 2011, au forum de Davos, avais osé dire tout haut ce que tout le monde pensait tout bas sur le régime d'Hosni Moubarak. Moi qui avais été convoquée de toute urgence à Matignon parce que le gouvernement français soutenait encore le Raïs, c'était le comble ! Je me souviendrai toujours de cette journée du 30 janvier. Dans l'avion qui me conduisait en Suisse, j'étais bouleversée par les photos publiées dans *Libération* des corps sanglants entassés place Tahrir dans l'indifférence internationale. N'étant ni ministre des Affaires étrangères, ni Premier ministre, il ne me revenait aucunement de prendre l'initiative de condamner les actes barbares du régime de Moubarak. Les périmètres de chaque ministère sont jalousement protégés par leur titulaire et si vous avez la maladresse, le malheur même, d'effleurer le champ d'un autre, cela se règle entre directeurs de cabinet qui, avec véhémence, exigent un communiqué démentant les propos tenus dans la presse.

Interviewée par RFI à l'heure du déjeuner dans les couloirs du forum, j'ai répondu naturellement à la question que l'on me posait sur le régime autoritaire de Moubarak. On m'interrogeait certainement là-dessus car je suis d'origine arabe.

Après le début du soulèvement tunisien, puis égyptien, je me suis sentie profondément tunisienne, égyptienne, arabe, moi, la fille de harkis... Je ne pouvais donc que répondre à la question de cette journaliste. En voyant des centaines de milliers de jeunes qui n'acceptaient plus la privation des libertés les plus fondamentales, qui décidaient de prendre en main leur destin en payant pour cela parfois le prix élevé de leur vie (il y eut près de quatre cents morts), je ne pouvais rester indifférente à ce qui se passait, et j'oubliai un court instant que mes propos seraient interprétés comme ceux du gouvernement auquel j'appartenais. Lorsqu'on me demanda si Hosni Moubarak devait partir, ma réponse fut claire : « Je crois qu'il faut que le président Moubarak parte, je crois qu'après trente ans de pouvoir il y a quand même une forme d'usure et que la transition démocratique doit aussi toucher l'Égypte... Quand je vois des policiers ou des militaires tirer sur des civils, j'ai mal. En plus, en tant que ministre de la Jeunesse, quand je vois que c'est la jeunesse qui fait le monde, notamment dans ces pays, je ne peux que condamner ces violences. »

Comme beaucoup d'enfants issus de l'immigration maghrébine, j'étais naturellement plus sensible à ces événements. Parce que beaucoup de membres de nos familles vivent encore de l'autre côté de la Méditerranée, plus que les autres nous savons ce que c'est d'avoir 20 ans en terres arabes. De plus, on n'avait pas besoin d'être devin pour savoir ce qui allait se produire. Nombreux sont les rapports qui décrivaient déjà depuis des années, très justement, la situation alarmante d'inégalités et d'injustices dont souffraient les pays arabes. Celui du programme des Nations unies, intitulé « Rapport arabe sur le développement humain 2009, les défis de la sécurité humaine dans les pays arabes », en est un exemple. Il y est écrit : « Dans les pays arabes, l'insécurité humaine, largement répandue, souvent intense et aux conséquences affectant un grand nombre d'individus, constitue un frein au développement humain (...) L'insécurité humaine se manifeste à travers la vulnérabilité économique d'un cinquième de la population de certains États arabes, et de plus de la moitié d'autres, où la vie de populations de plus en plus pauvres est menacée par la faim et le besoin [1]. » Faut-il en citer davantage pour comprendre que les circonstances allaient nécessairement conduire à l'explosion ?

La jeunesse, qui représente 60 % de la population totale des pays arabes, a donné une leçon à un monde effrayé par le changement et pétri par l'immobilisme. Maîtrisant les Facebook, Twitter, blog, SMS et autres moyens de communication, elle a su mobiliser et redonner de l'espoir, là où la désolation régnait depuis tant d'années. Les nouveaux héros de la jeunesse arabe sont Slim Amamou ou Wael Ghonim. Le premier, un blogueur tunisien issu de la bourgeoisie, fut arrêté et torturé par la police de Ben Ali pendant le soulèvement, avant de devenir secrétaire d'État à la Jeunesse au sein du gouvernement provisoire, et de démissionner peu après, parce qu'il refusait de faire des compromis avec les islamistes. Le second, Wael Ghonim, est un cyberdissident égyptien symbole de la révolution contre le Raïs, qui fut désigné personnalité la plus influente au monde par le magazine *Time* en 2011. Les larmes qui coulèrent sur ses joues

---

[1]. http://www.dj.undp.org/pages/Off_Doc_Agr/ahdr09-inbrief-fr.pdf

lorsqu'on lui présenta les images des jeunes abattus place Tahrir, et qui furent diffusées à la télévision dans un reportage où il racontait son calvaire dans les geôles de Moubarak, ont bouleversé le monde entier. Ce reportage précipita d'ailleurs la chute du dictateur. Tous deux ont été arrêtés, violentés, puis libérés. Cette jeunesse a marqué à jamais l'histoire de ce début de XXIe siècle.

Ce qui était pour moi une évidence ne l'était pas pour le gouvernement auquel j'appartenais. Le jour de ma déclaration fracassante, le 29 janvier 2011, Nicolas Sarkozy, Angela Merkel et David Cameron ont fait un communiqué commun soutenant le Raïs tout en l'appelant à mettre en œuvre des réformes politiques, économiques et sociales. Quelques semaines plus tôt, Michèle Alliot-Marie avait proposé l'envoi de matériels de protection à la police de Ben Ali pour mater la révolte de la jeunesse tunisienne. Elle n'avait pas eu à subir le courroux de l'Élysée. Évidemment, moi, j'ai dû quitter Davos en pleine nuit car j'étais convoquée à Matignon à la première heure. Tout avait commencé la veille.

Dans l'après-midi, vers 16 heures, le directeur de cabinet de Michèle Alliot-Marie, Hervé Ladsous, commence à harceler au téléphone certains membres de mon cabinet afin de me faire revenir sur mes positions demandant le départ de Hosni Moubarak. Il devait me connaître un peu. Sachant que je refuserais, il était passé par ma jeune, mais néanmoins très compétente, chargée de presse, Anaïs, pour exiger ce démenti. La tradition veut que l'interlocuteur d'un autre directeur de cabinet soit son homologue. Je refusai. Il contacta alors mon directeur de cabinet, que Luc Chatel avait su m'imposer, qui m'appela à son tour en me suppliant de renier mes propos. Je m'obstinai. Je suis une écorchée. Quand on est issu de l'immigration, on s'identifie naturellement à cette jeunesse égyptienne. Rester indifférente et ne pas prendre position m'était impossible.

20 heures, les choses se gâtent. Coup de fil de François Fillon, le Premier ministre en personne, plutôt gentil, me demandant de faire attention à mes propos. Il me rappelle alors que ses propres déclarations, faites en Corse, le 24 septembre 2007, en tant que Premier ministre, sur la situation financière de la France (dans lesquelles il avait dit être « à la tête d'un État en faillite »), lui avaient valu le désaveu de l'Élysée, l'obligeant à corriger dans l'après-midi ses propos. Les événements lui donnèrent pourtant raison. Je lui présente mes excuses si j'ai pu mettre le gouvernement en difficulté. Il apprécie mon humilité

et me souhaite une bonne soirée. Le pire restait à venir.

22 heures, je suis dans la salle de bains. Claude Guéant appelle, me hurle dessus, s'énerve et lâche : « Il n'y a rien à faire avec les gens comme vous. C'est la dernière fois, la prochaine fois c'est fini » et il me raccroche au nez. Je suis restée sans voix. J'avais évidemment compris ce qu'il voulait dire. Les Rama, Rachida et Jeannette, toutes les mêmes… Je vais me coucher sans pouvoir partager ce qu'il venait de me dire. J'ai eu du mal à trouver le sommeil.

Minuit, mon officier de sécurité cogne à ma porte. Il m'annonce que je suis convoquée à Matignon à la première heure et que nous devons quitter l'hôtel à 3 heures du matin pour prendre l'avion à Zurich à 7 heures. Imaginez ce que je pouvais ressentir. Cela faisait quelques mois seulement que j'étais ministre et je venais de foutre en l'air la communication savamment orchestrée des trois gouvernements, français, britannique et allemand, soutenant Moubarak. Dans l'avion qui me ramenait à Paris, au dos d'un papier Air France récapitulant le nombre de plateaux-repas, je rédige ma démission. Une colère sourde m'animait. Cette feuille témoignait du mépris qu'ils m'inspiraient en passant ainsi à côté du sens de l'histoire. Arrivée à

Paris, la tension est telle que je pleure dans la voiture qui m'amène de l'aéroport au ministère. Évidemment, Matignon décalait d'heure en heure le rendez-vous. J'en profite pour appeler Luc Ferry, un ami fidèle, et lui demander conseil. Il me réconforte et me soutient. Il a même appelé François Fillon. Il fut la seule personnalité intellectuelle et politique à me défendre. J'étais harcelée par la presse qui m'accusait d'avoir fait une bourde. Je restai silencieuse.

12 heures, j'arrive à Matignon et, dans l'antichambre, je me rends compte que mon ministre de tutelle, Luc Chatel, est présent. Cet ancien de L'Oréal, homme sans relief mais néanmoins retors, n'a eu de cesse de m'empêcher de faire mon travail en tant que ministre de la Jeunesse, n'hésitant pas, pour cela, à me faire les coups les plus bas, alors même qu'il avait fort à faire avec son ministère de l'Éducation nationale. Il me passe un savon. Je l'arrête tout de suite en lui disant que je compte démissionner. La seule ministre arabe virée du gouvernement pour avoir soutenu le printemps arabe, cela aurait fait tache. Luc Chatel cesse de m'engueuler et se met à paniquer de crainte que cela ne lui retombe dessus. Nous attendons François Fillon qui arrive avec plus de vingt minutes de retard.

L'Élysée lui a demandé de faire le sale boulot en me convoquant pour me donner une leçon. Il s'exécute en bon soldat. Je pense qu'il aurait préféré échapper à cette corvée. François Fillon est un homme posé qui n'agit jamais dans la précipitation. Il est l'opposé de Nicolas Sarkozy, impulsif et instinctif. Il sait être attentionné de manière sincère. Il a été le seul membre du gouvernement à m'appeler quand j'ai adopté ma petite fille, May.

L'ambiance est tendue. Des échanges d'amabilités. La voix sûre, je lui remets ma démission. Il est surpris. J'étais prête à quitter un poste de ministre, tant convoité, au nom de mes idées. Il la refuse très gentiment et m'explique les risques que l'on prend en s'exprimant dans la presse. Il m'assure m'avoir défendue auprès du chef de l'État qui, me comparant à l'impétueuse Rama Yade, voulait me virer du gouvernement. Il lui expliqua que j'étais différente, que j'étais efficace et il lui rappela que la première chose que j'avais faite avait été de présenter mes excuses pour le tort que j'avais provoqué. Je n'avais pas souri benoîtement comme Rama avait pu le faire lorsqu'elle avait convoqué la presse dans son bureau du Quai d'Orsay pour une conférence sur Kadhafi afin de dénoncer sa venue en France en décembre 2007. Alors que, quelques mois plus tôt, elle lui serrait la main en minaudant. Il me demande quels sont mes projets, et l'on se met d'accord sur un communiqué de sortie. Seul le président de la République et le Premier ministre sont habilités à s'exprimer au nom de la France. J'accepte ce compromis n'ayant, bien entendu, jamais pensé un seul instant m'exprimer au nom de la France. Pendant les jours qui suivirent, *Le Canard enchaîné* et autres journaux se délectèrent de mon recadrage. *France-Soir* titrait « la bourde », *Le Journal du Dimanche* « le couac », le *Huffington Post*, « la boulette ». Les hommes de mains de Chatel et Fillon, quant à eux, racontaient une version très subjective qui les mettait évidemment en valeur, tandis que les conseillers de l'Élysée s'en donnaient à cœur joie. Au Conseil des ministres, aucun membre du gouvernement ne s'approchait plus de moi. J'étais devenue infréquentable. Mes voisins de table, Nadine Morano et Frédéric Lefebvre, ne s'adressèrent à moi que pour me dire que j'avais dit « des conneries ».

J'étais une pestiférée parce que j'avais contredit la parole du boss. Interrogés sur les plateaux de télévision, tous les membres du gouvernement réfutèrent mes propos, y compris Nathalie Kosciusko-Morizet, si prompte d'habitude à prendre des positions originales. Valls et

Mélenchon demandèrent ma démission. Eux non plus n'avaient manifestement rien compris au printemps arabe.

Je faisais profil bas, jusqu'au moment où un entrefilet du *Point* m'a fait sortir de mes gonds. Je prends mes renseignements et j'apprends que la campagne de dénigrement vient de l'Élysée. Une boule dans l'estomac, je prends mon téléphone et j'appelle Claude Guéant pour lui demander que cessent immédiatement ces attaques. Cela faisait plusieurs jours que nous ne nous étions pas parlé. Je lui rappelle que ma lettre de démission est toujours sur le bureau du Premier ministre, et l'invite à l'utiliser s'il le juge utile. Elle n'avait pas été divulguée et il ne voulait pas qu'elle le soit. Du jour au lendemain, les médisances ont cessé.

L'histoire me donna raison : dix jours après cet incident, Moubarak quittait le pouvoir. Mais personne ne fera son mea-culpa. Quand la France intervint militairement en Libye, le président de la République me demanda, à la fin d'un conseil des ministres, de m'exprimer dans la presse pour soutenir l'initiative française car j'avais une légitimité à le faire. Je lui répondis que la dernière fois que j'étais intervenue sur la politique étrangère, j'avais été convoquée à

Matignon. Agacé par ma réflexion, il insista pour que je prenne la parole. Je ne l'ai pas fait.

Quand je me suis à nouveau exprimée sur la politique étrangère, dans une interview donnée au *Parisien* dans laquelle je dénonçais la passivité des États occidentaux devant la montée des intégrismes religieux dans les pays arabes et où je déclarais qu'il n'existait pas de charia light, je ne savais pas que Matignon allait à nouveau me tomber dessus. Même si, je le reconnais, je m'en doutais un peu, mais pas avec une telle force.

Lorsqu'on est ministre, toutes les interviews doivent être validées par Matignon. Or, sciemment, mon équipe et moi-même avions transmis tardivement l'article pour éviter une censure de la conseillère presse du Premier ministre, Myriam Levy, ancienne journaliste du *Figaro*. Je ne m'attendais pas à une telle réplique de la part du cabinet de François Fillon : les coups de fil menaçants se multiplièrent, d'abord adressés à Anaïs, ma conseillère presse, puis à Daniel, mon directeur de cabinet. Enfin vint mon tour à 22 heures, alors que j'étais en train de dîner Chez Françoise avec un potentiel petit ami, médecin, chef de service. Mon portable sonne, c'est un numéro privé. Mon cœur s'arrête de battre car je me doute de qui cela peut être. C'est Jean-Paul Faugère, le directeur de cabinet de François

Fillon, un homme mince et grand qui, d'un ton sec, me somme d'interdire la publication de l'interview qui devait paraître le lendemain. Je tente de lui expliquer que je ne peux pas. Il me demande de mentir et de trouver un prétexte pour éviter que le papier sorte. Les rapports des cabinets ministériels et des politiques avec la presse sont d'une complexité telle qu'on a parfois l'impression que le pouvoir politique suppose que les journalistes sont aux ordres. Qu'il suffit de demander pour avoir. Certes, quelques journalistes n'hésitent pas à franchir la frontière déontologique. Ils acceptent, contre certaines informations, des cancans la plupart du temps, de rendre service à des politiques. J'ai moi-même assisté à des scènes surréalistes lors des universités d'été de l'UMP où, dans les salons de l'hôtel Hermitage à La Baule, des journalistes reprenaient en chœur tout le répertoire de la chanson française avec Nicolas Sarkozy et Didier Barbelivien à la guitare. Les journalistes politiques sont une caste à part.

Le directeur de cabinet m'accuse de trahison. Je ne peux élever la voix car je suis au milieu d'une salle de restaurant remplie. Je reste ferme même si je tremble intérieurement. Il continue de hurler, alors, pour clore la discussion, je lui rappelle l'épisode Moubarak, et lui précise que je suis très fatiguée car je viens de me faire opérer. J'avais manqué le Conseil des ministres de la semaine. Je lui rappelle également, au passage, qu'il n'a même pas eu la délicatesse de prendre de mes nouvelles. Il s'arrête de vociférer. Évidemment, ce n'était plus la même ambiance pour ce énième rendez-vous amoureux raté. La seule chose qui me remontait un peu le moral était que ce médecin m'avait trouvée exceptionnelle de n'avoir pas flanché.

Je ne cède jamais il est vrai. Je me dis que je vais être convoquée le lendemain matin à Matignon. Je me tiens prête à démissionner... Mais finalement, parce que mon interview avait été la plus lue du week-end, parce que les lecteurs avaient adhéré à mes propos et surtout parce que les islamistes avaient fait plus de 70 % aux élections législatives en Égypte, on m'a laissée en paix. Ce qui m'a le plus fait rire, dans ce nouvel épisode, c'est la caricature de *Charlie Hebdo* qui représentait le directeur de cabinet de François Fillon, Jean-Paul Faugère, en « mollah » et dont la légende disait qu'en cas de remaniement chez Ahmadinejad, il pourrait trouver une place.

La France a oublié une chose essentielle : la laïcité est aussi un combat pour les musulmans. Le prix du fondamentalisme islamiste payé par l'Algérie a été élevé : plus de 300 000 morts dans les années sombres, la décennie noire, après l'annulation des élections législatives qui avaient vu le triomphe du Front islamiste du salut. Cette interview donnée au *Parisien* a été le papier le plus consulté sur les sites internet d'informations, y compris sur celui des *Échos*, pourtant loin des problématiques non économiques. La presse étrangère a également commenté ma divergence avec le Quai d'Orsay. À ma grande surprise, moi, la fille de harki, j'ai été soutenue par les Algériens. Des courriers de lecteurs demandaient même à ce que je sois nommée ministre à Alger. Quel honneur ! Mercredi au Conseil des ministres, je rasais encore les murs. J'essayais, et je réussissais, à ne pas croiser Alain Juppé. Je savais qu'il avait été fou de rage. Néanmoins autour de la table du Conseil, certains me félicitent (pour une fois), mais en chuchotant toutefois pour ne pas être entendus.

Chaque semaine, le mardi matin, se tenait à l'Assemblée nationale la réunion du groupe. Jean-François Copé vient me saluer et me glisse à l'oreille qu'il est d'accord avec moi, mais qu'il ne peut pas le dire en public. J'aurais été étonnée qu'un politique puisse soutenir un autre politique. Tout le monde est tétanisé à l'idée qu'on fasse un amalgame entre islam et islamisme. La droite est complexée car elle craint d'être accusée d'islamophobie. Il faut dire que des carrières peuvent parfois être brutalement interrompues si pèse sur vous un tel soupçon. Mon ami Claude Imbert, fondateur et éditorialiste du *Point*, en a fait les frais. Il a été écarté d'une émission de débats qu'il animait avec Jacques Julliard sur LCI après avoir dénoncé l'islamisme rampant. À l'époque, en 2003, on siégeait ensemble au Haut Conseil à l'intégration sous la présidence de Blandine Kriegel, philosophe érudite et ancienne élève de Michel Foucault. Claude est un charmant monsieur d'un certain âge, mélomane, et grande plume de la presse française. Mais ce qui le caractérise aussi, c'est son anticléricalisme, que je trouve, pour ma part, assez séduisant. Lorsqu'il dénonça l'archaïsme religieux de l'islam, il fut attaqué de toute part, y compris par des associations qui se disaient attachées à la laïcité. Le MRAP (Mouvement contre le racisme et pour l'amitié entre les peuples) demanda sa démission, et des manifestations eurent lieu rue Saint-Dominique, devant le Haut Conseil à l'intégration. Ses soutiens furent rares. Je fus une des seules de la haute institution à le défendre. Il fut néanmoins banni. Mais je suis restée fidèle à cet homme exemplaire.

En dénonçant les islamistes, certains craignaient qu'on les accuse de racisme ou d'islamophobie. Sur le banc au Sénat, je décide de dire à François Baroin ce que je pense. On m'avait rapporté que, lors du mariage de Jean-François Copé en décembre 2011, il avait demandé pourquoi j'avais tenu ces propos. Pour lui, c'était une bêtise. J'étais blessée qu'il ne me soutienne pas car j'avais toujours eu une grande affection pour cet homme frappé par un destin familial douloureux et des morts tragiques. François a toujours su porter avec intelligence l'héritage de son père, Michel Baroin, grand maître du Grand Orient de France, notamment en matière de défense de la laïcité. Face à moi, il avoua qu'il ne faisait que rapporter les propos d'Alain Juppé.

Le plus important n'est pas là. Je ressens beaucoup de tristesse, car la situation des femmes commençait juste à s'améliorer dans les pays arabes. Au Maroc, en 2003-2004, Mohammed VI a modifié la Moudawana – le code de la famille – pour réduire la polygamie, la répudiation, et interdire les mariages précoces. Va-t-on revenir sur ces avancées ? En 2012 encore, place Tahrir, où est née la révolte égyptienne, des femmes sont agressées parce qu'elles sont femmes. En novembre 2011, Caroline Sinz et Natasha Smith, toutes deux journalistes, ont été agressées sexuellement dans l'exercice de leurs fonctions. Ben Ali ou Moubarak avaient agité le chiffon rouge des islamistes pour obtenir le soutien des pays occidentaux. Mais il ne faudrait pas tomber dans l'excès inverse. Moi, je ne soutiendrai jamais un parti islamiste. Jamais. Au nom des femmes qui sont mortes, de toutes celles qui ont été tuées en Algérie, en Iran, en Afghanistan parce qu'elles ne portaient pas le voile. Contrairement à Alain Juppé, qui, lui, félicite les dirigeants d'Ennahda en Tunisie et du Parti de la justice et du développement au Maroc, je refuse d'être de connivence avec des gouvernements qui portent des valeurs iniques.

Quand il se rend en Égypte en mars 2011, cet homme que j'admirais, Alain Juppé, rencontre les Frères musulmans, une organisation non gouvernementale islamiste. N'aurait-il pas dû plutôt rencontrer Mohamed El Baradei, ancien directeur général de l'Agence internationale de l'énergie atomique (AIEA) et Prix Nobel de la paix ? Celui qui a pourtant été mon mentor illustre la trahison par la France des principes qui faisaient son renom. Je l'encourage à lire la déclaration fondatrice des Frères musulmans. À sa décharge, je pense qu'il était trop soumis à son administration conservatrice, le Quai d'Orsay, qui avait organisé cette visite, visite qui me fut également proposée. Lorsque j'étais ministre, nous avions décidé avec mon cabinet d'organiser un colloque sur le printemps arabe à la Sorbonne. Je souhaitais inviter Wael Ghonim, ce jeune Égyptien qui avait été emprisonné par le régime de Moubarak et qui incarnait la jeunesse de son peuple. J'appelle notre ambassadeur au Caire pour lui demander de lui transmettre notre invitation. Il se trouve qu'il ne pouvait pas. Notre ambassadeur me propose alors d'inviter à la place des jeunes blogueurs affiliés aux Frères musulmans, ceux-là mêmes qu'Alain Juppé avait rencontrés. Il m'explique que ces jeunes sont formidables. Les bras m'en tombaient. On me proposait, à moi, d'inviter des islamistes. Je l'ai un peu mal pris. J'ai tenté de rester polie avec mon interlocuteur, mais cela a été dur et je ne suis pas sûre d'avoir réussi.

Le président de la République, Nicolas Sarkozy, avait assuré que la France serait très vigilante sur la question du droit des femmes et de la liberté religieuse. Ne trahissait-il pas son engagement en soutenant ces nouvelles majorités ? Les manifestations d'ouvriers, de femmes, de jeunes, qui se déroulent encore en 2012 à Tunis, ou au Caire, pour réclamer le respect des principes d'égalité et de laïcité, montrent que les choses ne sont pas jouées. Je me refuse à croire qu'il y aurait une sorte de malédiction sur ces pays arabes, que le choix devrait se résumer entre les dictateurs et l'islamisme, entre la peste et le choléra. François Hollande, nouveau président de la République, s'inscrit dans cette continuité cynique. En mai 2012, il a salué le processus démocratique économique et social en cours dans le Royaume du Maroc à l'initiative du Roi. Mais sait-il seulement que les islamistes y sont au pouvoir ?

C'est vrai qu'il y a eu des élections. Mais le pire peut également venir des urnes. Je fais partie de celles qui estiment qu'on peut interdire les partis politiques dont les pratiques portent atteinte à un État de droit fondé sur des principes universels. Il s'agit d'une vieille idée, serpent de mer en droit constitutionnel, d'un statut des partis politiques, proposée en France en 1945, puis en 1958, mais toujours repoussée. L'Allemagne, marquée par le souvenir du totalitarisme et du parti nazi qui a asservi l'État et le peuple, a inscrit dans sa Constitution un statut des partis politiques. L'article 21 de la Loi fondamentale dispose en effet que « les partis qui, d'après leurs buts ou d'après le comportement de leurs adhérents, tendent à porter atteinte à l'ordre constitutionnel libéral et démocratique, ou à le renverser, ou à mettre en péril l'existence de la République fédérale d'Allemagne, sont inconstitutionnels ». Une démocratie pluraliste est toujours fragile, les partis politiques, qui en sont les piliers, doivent respecter ses principes. Le gouvernement allemand a ainsi interdit à plusieurs reprises des partis extrémistes, tant de droite que de gauche. Récemment encore Angela Merkel a demandé l'interdiction du NPD, le parti d'extrême droite qui a perpétré des attentats terroristes contre des immigrés. Personne n'oserait dire que l'Allemagne n'est pas une démocratie. Pourquoi donc ne pas s'en inspirer ? Alors que le Front national, un parti qui porte en germe la négation des droits et libertés les plus fondamentaux, fait son retour à l'Assemblée nationale, introduisons dans notre droit un statut constitutionnel des partis politiques.

Le printemps arabe aurait pu incarner un levier formidable pour installer durablement la démocratie et un État de droit dans ces pays. Il n'en est rien pour le moment. On peut même dire qu'il s'agit d'un véritable échec. Le Premier ministre algérien, Ahmed Ouyahia, le 5 mai 2012, la veille des élections législatives, a parlé, lui, de « déluge arabe ». Je n'irai peut-être pas jusque-là. Quoique ! Quand je vois la violence que suscite, dans le monde arabe, la diffusion sur YouTube de dix minutes d'un film aussi pitoyable et abject que *L'Innocence des musulmans*, je m'interroge. Quand je vois les attentats commis contre les ambassades américaines, provoquant la mort de quatre diplomates dont l'ambassadeur Christopher Stevens, à Benghazi en Libye, je le dis, il n'existe pas d'islamisme modéré ou de charia light. Quand je vois des manifestations durement réprimées provoquant plusieurs morts en Tunisie, au Pakistan et en Égypte, je le répète, il n'existe pas d'islamisme modéré ou de charia light. Et quand je vois ces mêmes radicaux rester muets devant les violences commises sur les femmes comme sur les hommes au nom de leur dieu (lapidations, crimes d'honneur, mains coupées pour les fumeurs pris en flagrant délit...), je persiste et je signe : il n'existe pas d'islamisme modéré ou de charia light.

Le plus inquiétant est que le soutien aux fondamentalismes est également venu de France. Plus de 30 % des Tunisiens de France ont voté pour Ennahda aux législatives. Ce parti islamiste est actuellement la principale force politique en Tunisie. Quelques semaines après l'élection de François Hollande, le 18 juillet 2012, le Président tunisien a même été invité à l'Assemblée nationale ; j'étais à Déols et j'ai regardé son allocution dans le salon de mes parents. J'ai pu voir nos députés se lever pour acclamer ce chef d'État venu sans cravate. Personne n'a osé l'interpeller à propos du président d'université qui risquait cinq ans de prison pour avoir refusé le niqab dans son enceinte, ou de ces artistes contemporains agressés et menacés de mort... Décidément les majorités passent et la Realpolitik ou, pire, l'ignorance conduit à acclamer un homme complice de violations des libertés les plus fondamentales. L'Assemblée nationale a trop souvent été le théâtre où des hommes de peu de foi sont venus s'exprimer à l'invitation de la représentation nationale : Hassan II, Bouteflika...

Alors que les jeunes en Tunisie ont risqué leur vie pour la liberté, les forces conservatrices sont venues de France. Je trouve choquant que ceux qui ont des droits et des libertés ici aient donné leur voix à un parti religieux pour qu'il gouverne là-bas. Je pense à ceux qui, dans leur pays, ont été arrêtés, torturés parce qu'ils défendaient leurs convictions. On leur a volé la révolution.

Ce délitement de la laïcité ne date pas d'aujourd'hui. En fait, il remonte à la fin des années 1980. La gauche en est la première responsable ; au lieu d'imposer le respect d'un principe consacré dès l'article 1er de la Constitution lors des affaires de voile au collège de Creil, Lionel Jospin, ministre de l'Éducation nationale de l'époque, a abdiqué et a préféré renvoyer l'affaire au Conseil d'État. La lâcheté a plusieurs visages. Se retranchant derrière une apparente juridicité, il a refusé de prendre une décision politique qui lui aurait pourtant fait honneur. Pendant plusieurs années, avant le vote de la loi du 15 mars 2004 sur les signes religieux dans les écoles publiques, les chefs d'établissement ont dû affronter, seuls, la montée des nouveaux fondamentalismes. Et la situation s'est encore détériorée. Au cours d'auditions devant le Haut Conseil à l'intégration rattaché à Matignon, des enseignants ont dénoncé la pression insupportable que des groupes minoritaires faisaient peser sur eux pour imposer des tenues ostentatoires comme l'abaya (ces longues robes qui couvrent la femme de la tête aux pieds) aux jeunes filles, en dépit de la loi de 2004.

Les mouvements associatifs de lutte contre les discriminations comme SOS Racisme se sont également fourvoyés. Ils ont défendu le voile face aux enseignants, préférant le communautarisme à la République. Ils ont adhéré implicitement aux thèses des fondamentalistes : une femme doit couvrir ses cheveux pour ne pas susciter le désir des hommes. Dans ce paysage de désolation où transpiraient une culpabilité postcoloniale, un différentialisme et un relativisme affligeants, deux figures de la gauche se détachaient néanmoins : Gisèle Halimi et Élisabeth Badinter. Cette dernière, dans un essai remarquable, *Fausse Route*, rappelle que « c'est à l'occasion du débat sur le foulard islamique en 1989 que l'universalisme connut sa première grande défaite... ». Et d'ajouter plus loin, rappelant les attaques dont elle a été notamment l'objet : « Le mot d'ordre étant : plus on s'indignera, plus on multipliera les provocations et plus on fera le jeu du Front national. Les antifoulards furent priés de se taire pour ne pas être complices de Le Pen [1]. » Dès que vous vous opposez au voile au nom de la laïcité, on vous accuse du pire.

À l'époque, j'avais 14 ans et je n'arrêtais pas de penser : « Et si mon père m'imposait de porter le voile ? Et si mon père n'avait pas été cet homme éclairé, qui m'aurait soutenue ? » Pas les institutions républicaines puisqu'elles ont abandonné les jeunes filles qui souhaitaient s'émanciper. Devant la montée de l'obscurantisme, la République a été en dessous de tout. Elle n'a pas su défendre les droits des femmes.

---

1. Élisabeth Badinter, *Fausse Route*, Livre de Poche, 2003, p. 166.

Pour avoir pris ces positions courageuses, Élisabeth Badinter, humaniste, fut accusée de jouer le jeu du Front national. C'est un comble ! Je ne pensais pas que, vingt ans après, je serais à ses côtés pour prolonger son combat pour la laïcité.

L'affaire de la crèche Baby-Loup aurait pu être un nouveau coup porté à notre République. Mais elle a, au contraire, contribué à consolider la digue la protégeant en repoussant les assauts des fondamentalistes. Tout a commencé au printemps 2010. Je venais d'être nommée à la tête de la Haute Autorité de lutte contre les discriminations et pour l'égalité, la Halde. Élisabeth Badinter avait demandé à me voir sans que je sache pourquoi. Je venais de lire son dernier livre, *Le Conflit*, qui décrit une nouvelle forme de tyrannie dont les femmes se laissent être les esclaves [1]. J'étais restée sans voix, devant les attaques dont elle avait été l'objet de la part des pro-allaitement et de jeunes femmes politiques, comme Cécile Duflot ou Nathalie Kosciusko-Morizet (l'essai soulignait la pression et la culpabilité que l'on fait peser sur les femmes pour les contraindre à allaiter leur nouveau-né). Quand je suis rentrée dans le restaurant Au Petit

---

1. Élisabeth Badinter, *Le conflit, la femme et la mère*, Flammarion, 2010.

Riche dans le 9ᵉ arrondissement où nous avions rendez-vous, elle était déjà assise avec ses grands yeux bleus. J'étais impressionnée et émue à la fois. Nous avons commencé à discuter. Cette femme que je ne connaissais que par ses écrits me disait qu'elle était admirative de mon parcours. Les bras m'en tombaient. Les coups pleuvaient à la Halde. Je n'avais pas souvent l'occasion de recevoir des compliments. Dans le menu, elle choisit une tête de veau. Sacrée bonne femme. Puis elle m'a parlé de Baby-Loup, une crèche associative ouverte 24 heures sur 24, 7 jours sur 7 dans un quartier difficile qui avait connu, quelques années auparavant, une gloire éphémère. Mathieu Kassovitz, ce trublion du cinéma, avait tourné *La Haine* dans ce quartier sinistre de Chanteloup-les-Vignes. Les faits à l'origine du contentieux étaient simples : en 2008, la crèche avait licencié une salariée qui refusait d'ôter son voile. Cette dame avait sombré dans le fanatisme religieux après un long congé parental et un pèlerinage à La Mecque. Elle avait alors saisi la Halde pour discrimination. Mon prédécesseur, Louis Schweitzer, pour qui je n'ai aucune estime, avait reconnu la discrimination religieuse dans une délibération du 1ᵉʳ mars 2010. Considérant que la crèche n'était pas un service public, le principe de neutralité, principe co-substantiel à tout service public, ne pouvait s'appliquer. La crèche était donc coupable de discrimination religieuse en exigeant de sa salariée qu'elle retire son voile dans l'établissement.

Élisabeth Badinter savait que si la décision était maintenue devant les prud'hommes, elle serait fatale à cette petite crèche associative qui ne se relèverait pas d'une condamnation de 80 000 euros de dommages-intérêts réclamés par la requérante. Un contentieux parallèle se jouait devant les tribunaux. Moi, je ne comprenais pas comment la Halde avait pu conclure dans le sens de la discrimination, ou plutôt, je comprenais trop bien que cette institution était gangrenée par le différentialisme, le communautarisme, et, pire, une forme de condescendance à l'égard des immigrés. Ils acceptaient tout par bêtise, par ignorance, vivant éloignés des banlieues. Pour eux, ce n'était pas grave, puisqu'ils étaient convaincus que toutes les femmes immigrées sont voilées.

Avant même l'intervention d'Élisabeth Badinter, j'avais déjà décidé de revenir sur la décision précédente concernant Baby-Loup, ayant été sensibilisée par des associations de parents qui étaient venues me voir avec Valérie

Toranian et Marie-Françoise Colombani, deux journalistes du magazine *Elle*. Parce que j'avais décidé de ré-instruire le dossier, les haines les plus terribles s'abattirent sur moi. Des personnes travaillant à la Halde m'attaquaient directement et transmettaient leurs notes de travail personnelles aux journalistes, sous couvert d'anonymat bien entendu ; elles furent publiées dans *Le Monde* le 9 novembre 2010. Des articles haineux, notamment sur le net, m'accusaient du pire. Pendant cette période, je recevais sur ma boîte mail des menaces de mort et de viol dans lesquelles étaient précisés les détails sordides de ces actes. Je me résolus à aller porter plainte au commissariat du 9e arrondissement en sachant que cela ne servirait à rien. Je bloquai mon compte Facebook pour que personne ne puisse m'écrire.

Ce déferlement de rage m'avait convaincue à l'époque que je quitterais la Halde après le procès. Je refusais d'être à la tête d'une institution qui était devenue un ver dans le fruit de la République. Comment accepter que la direction des affaires juridiques se soit approprié un pouvoir qu'elle ne semblait pas maîtriser ? Le caractère légal des délibérations était souvent contestable et les argumentations juridiques étaient faibles.

Avant d'abdiquer, je voulais mener ce combat, ce combat pour la laïcité. Ma détermination était telle que j'aurais pu renverser des montagnes. Je n'avais aucun doute sur la légalité de la décision du licenciement. S'agissant de la crèche, à partir du moment où une association avait choisi comme option philosophique et sans ambiguïté le principe de laïcité, principe constitutionnel, il ne pouvait pas être moins bien protégé que la liberté religieuse. La laïcité n'est pas un principe à géométrie variable. Il est précieux car il protège les femmes, et leur permet de s'émanciper. Il doit s'appliquer sur l'ensemble du territoire métropolitain et outre-mer. La laïcité ne peut pas être réservée aux beaux quartiers, ou limitée aux services publics. C'est d'ailleurs ainsi que l'avocat Richard Malka a plaidé à la barre devant le conseil des prud'hommes. Ce dernier avait défendu *Charlie Hebdo* lors de l'affaire des caricatures de Mahomet. Cet avocat atypique, toujours mal rasé, est très attachant par son côté idéaliste. Il est aussi l'auteur de bandes dessinées grinçantes et journaliste pour *Charlie Hebdo*.

En voyant les assauts de ceux qui voudraient le retour de la pénalisation du blasphème, je revendique le droit de me moquer des dieux. Vive le blasphème ! Vive la République laïque !

Les derniers gardiens de la laïcité se nomment Caroline Fourest, Élisabeth Badinter, Charlie comme *Charlie Hebdo*… Dénonçant la montée des fondamentalismes religieux, y compris catholiques, ils prennent des risques pour leur propre sécurité. La vie de Charb est désormais en danger. Plusieurs agents de sécurité assurent sa protection depuis que ce geek à lunettes est devenu la cible des islamistes. Un sort identique à celui de Theo Van Gogh peut lui être réservé : être assassiné par un fou de Dieu dans la rue.

Je me souviens encore des jours précédant l'audience qui devait se tenir au conseil des prud'hommes de Mantes-la-Jolie, le lundi 8 novembre 2010. Trois jours plus tôt, j'étais au Canada pour peaufiner un accord de coopération et d'échange de bonnes pratiques entre nos deux États. Je ne devais rentrer que le samedi, les agents de la Halde le savaient. Ils en profitèrent pour lancer une nouvelle cabale, la veille du week-end, pour me contraindre à ne pas témoigner au procès.

Je venais d'atterrir à Roissy. J'ouvre ma messagerie ; des messages venimeux de menace dégoulinaient de ma boîte mail pour me dissuader d'aller témoigner aux prud'hommes, et m'empêcher de faire, et de dire, ce que je croyais être juste et être la stricte application du droit. Ils ne me connaissaient pas. Je ne renonce jamais. Je suis meilleure dans l'adversité. Jamais je n'aurais pu abandonner cette crèche ; je n'aurais plus pu me regarder dans un miroir ! Les attaques étaient violentes, elles venaient de toute part. J'étais accusée du pire. Dans un mail adressé à tous les membres, Jean-Yves Monfort, conseiller à la Cour de cassation, écrivait : « Si cette information se révélait exacte, ce comportement constituerait une violation de la loi… »

On m'accusait, moi, de violer la loi. Pour un membre du Conseil d'État cela craignait. Et il n'était pas le seul à le penser. En réalité la charge est venue de la section CFDT, qui était dirigée par un policier en détachement à la Halde. Le ministère de l'Intérieur avait su se débarrasser de lui en continuant à le payer mais en le tenant le plus loin possible de tout commissariat. Dans ce mail envoyé à tous les membres, le syndicat m'enjoignait de ne pas témoigner.

Richard Malka, devant la violence des attaques, m'avait dit qu'il comprendrait si je ne venais pas. Jamais.

Baby-Loup a été l'une des épreuves les plus dures que j'ai eu à traverser. L'avant-veille de ma convocation, j'ai demandé audience à l'Élysée car je savais que la presse, en particulier *Le Monde*, allait me pendre haut et court. Je voulais prévenir Claude Guéant, alors secrétaire général de l'Élysée, et surtout le Président, qui m'avait nommée à la tête de cette institution. J'étais épuisée, mais *Elle* avait publié une interview de moi la veille. Je savais que ce serait un atout pour les convaincre que la laïcité serait l'enjeu de la future campagne présidentielle et qu'ils devaient donc me laisser faire.

À ma grande surprise, ils m'ont consacré du temps. Ils m'ont écoutée parler de cette crèche qui me tenait à cœur. Sarkozy comme Guéant, sans hésitation, m'ont encouragée à aller jusqu'au bout. Lorsque le Président m'a pris le magazine *Elle* des mains et a déchiré les deux pages d'interview croisée avec Élisabeth Badinter pour les conserver, je suis restée sans voix. Nicolas Sarkozy m'a même demandé ce qu'il pouvait faire. Je n'ai rien demandé. Je suis restée muette car personne ne m'avait encore jamais demandé si l'on pouvait faire quelque chose pour moi. Je savais en même temps que s'il prenait parti pour la crèche les magistrats allaient nous tomber dessus, tant il était détesté.

En dehors des plaidoiries des avocats, j'étais la seule personnalité à venir témoigner en faveur de la crèche. Élisabeth Badinter était venue me soutenir personnellement. Elle m'a donné la force d'aller jusqu'au bout. Elle a été touchante et protectrice. Je me souviendrai toujours du trajet Paris-Luxembourg-Mantes-la-Jolie. Elle avait acheté des petits sandwichs et des macarons pour notre déjeuner que nous avons dégusté dans le taxi.

J'ai passé huit heures assise sur une chaise pliante dans une salle d'audience bondée où la tension était palpable : des filles voilées et des barbus qui essayaient de m'impressionner se tenaient en face des militants de la laïcité, Marie-Françoise Colombani, éternelle féministe, reconnaissable à sa chevelure rousse flamboyante semblable à celle de Sonia Rykiel, Élisabeth Lévy, petit bout de femme fumant cigarette sur cigarette, Élisabeth Badinter et moi. Ces femmes extraordinaires m'ont accompagnée jusqu'au bout. Je ne savais pas qu'au même moment trois membres du collège de la Halde donnaient une interview au *Monde* pour vomir sur ce que j'allais faire : témoigner en plaidant que la laïcité est un principe à valeur constitutionnelle comme la liberté religieuse, et qu'en droit français, la supra-constitutionnalité n'existe pas.

La police et les renseignements généraux étaient présents à l'audience pour nous protéger des proches de cette femme voilée qui essayaient de nous bousculer à l'intérieur du tribunal. Pour moi qui étais habituée à la salle d'audience feutrée du Palais-Royal, c'était le choc des civilisations juridictionnelles. Je croyais rêver, ou plutôt cauchemarder : comment pouvait-on rendre la justice sereinement dans de telles conditions ? Les forces de l'ordre craignaient des débordements à la fin de l'audience, et nous avons dû être escortées jusqu'à la gare où un taxi nous attendait.

Malgré les tentatives de la partie adverse arguant que la Halde avait déjà rendu une décision, le président m'a accordé le droit de témoigner. J'ai conclu l'audience après les plaidoiries, je savais que mes propos seraient déterminants. Je vais à la barre, ma voix ne tremble pas un instant ; mes propos sont concis et limpides ; je me place exclusivement sur le plan constitutionnel pour ne prêter le flanc à aucune critique. On me félicite. Mes adversaires sentaient déjà que la bataille pouvait tourner à notre avantage. Ils avaient raison.

L'après a été le plus dur à vivre… quand je me suis retrouvée seule, stigmatisée et déprimée… Des mots m'ont permis de tenir : ceux d'Élisabeth Badinter. Me comparant à son époux dans son combat pour l'abolition de la peine de mort, elle me dit : « L'histoire vous donnera raison. » La décision du conseil des prud'hommes de Mantes-la-Jolie, le 14 décembre 2010, confirmée par la cour d'appel de Versailles le 27 octobre 2011, montra effectivement que mon combat n'avait pas été vain. Ma détermination, qui avait pu apparaître comme un suicide, m'a permis de devenir ministre un mois quasiment jour pour jour avant la décision de la juridiction de première instance. Nicolas Sarkozy m'a fait confiance avant même le délibéré. Il a pris un risque. Je me demande parfois ce qui ce serait passé pour moi si le prononcé avait été différent.

Malgré le dénouement heureux de ce jugement, je demeure inquiète face au délitement des principes qu'incarne la France. Elle se laisse draper d'un voile d'obscurantisme et je ne reconnais plus la République que je chéris tant.

D'éminents spécialistes décrivent et tentent d'expliquer ce phénomène préoccupant. Emmanuel Brenner, sociologue, dénonce, par exemple, les territoires perdus de la République. Réagissant face à l'impossibilité pour des professeurs d'enseigner la Shoah dans certains établissements, il appelle à la reconquête républicaine. La France, dans ces zones périphériques rongées par la culpabilité, a renié sa propre identité. Comme les élites ne partagent pas le quotidien de ses femmes et de ses hommes, la dégradation de la situation n'est pas ressentie comme un recul en matière de droits et libertés de la personne. Ainsi que l'a décrit Éric Maurin dans *Le Ghetto français, enquête sur le séparatisme social*, la société française est une société de l'entre-soi caractérisée par un séparatisme et une absence de mixité [1]. Le sociologue explique de manière très percutante les stratégies d'évitement mises en œuvre par les individus pour échapper à leur condition sociale. Et cela contribue au délitement du sentiment d'appartenance collective à la nation et à la perte du sens de l'intérêt général. Un ensemble de groupes égoïstes, voilà la nouvelle société française.

Il est frappant de voir dans les quartiers, comme à Gennevilliers ou à Trappes, des jeunes femmes porter le niqab, tenue vestimentaire traditionnelle saoudienne, ou, en bas des HLM, de jeunes hommes barbus qui ne travaillent pas mais passent beaucoup de temps à la mosquée. Je reviens d'Alger où je n'ai vu aucune femme en niqab. Pourquoi en France ?

Alors que nous sommes quelques-uns, depuis des années, à dénoncer la montée de l'obscurantisme musulman en France, des parlementaires

---

1. Eric Maurin, *Le Ghetto français, enquête sur le séparatisme social*, La République des idées, Seuil, 2004.

courageux, comme le député communiste Gerin, commencent à s'opposer à ce que des femmes en France – pas en Afghanistan ou en Arabie Saoudite, en France ! – portent la burqa. Un de mes collègues du Conseil d'État a quand même eu la témérité de m'expliquer la sensualité d'une femme voilée. J'en suis tombée de ma chaise.

La polémique suscitée lors de la proposition de loi interdisant la burqa montre que les fameuses élites sont prêtes à tout accepter, y compris le pire.

En juillet 2009, André Gerin déposa une proposition de loi demandant la création d'une commission d'enquête parlementaire dans le but de « définir des propositions afin de lutter contre ces méthodes qui constituent une atteinte aux libertés individuelles sur le territoire national ». Une bataille a alors commencé entre les pro- et les anti-burqa. Mais une année plus tard, un texte de loi a été adopté interdisant dans les lieux publics le port de la burqa ou du niqab.

Toutes ces personnes qui discutent au nom de la différence, qui disent qu'il convient de ne pas légiférer pour ne pas stigmatiser ces femmes, se trompent de victimes. Commencer à discuter revient d'une certaine manière à légitimer la burqa. Elle n'est que la partie émergée de l'iceberg. Des femmes s'immolent en Afghanistan. D'autres sont battues, lapidées. Au Pakistan, chaque année plusieurs centaines meurent d'un « crime d'honneur ». Comment penser que ce drap emprisonnant la femme est invisible ? Une jeune Pakistanaise de seulement 14 ans, Malala Yousufzai, a été plus courageuse que nous. À 11 ans déjà, elle dénonçait les violences commises par les talibans et recevait, pour cela, le Prix national pour la paix créé en 2011 par le Pakistan. Le 15 octobre 2012, elle a été blessée par balles à la tête et à l'épaule par des talibans pour avoir défendu le droit à l'instruction des filles. Alors qu'une fillette fait preuve de tant de courage, pourquoi restons-nous impassibles et lâches ? Le gouvernement de Jean-Marc Ayrault n'a même pas eu la dignité de proposer d'accueillir cette enfant afin de lui prodiguer les soins nécessaires, et c'est au Royaume-Uni qu'elle fut confiée aux mains des meilleurs médecins.

La confusion existe entre signe religieux et signe politique. Souvent, par ignorance, les Français sont convaincus qu'en interdisant le voile, qui est un signe de soumission, ils touchent à l'islam, ce qui est une erreur. Il ne m'appartient pas de faire de l'herméneutique coranique, mais il m'appartient en tant que femme, juriste, politique et d'origine arabe de défendre les droits et les libertés. Est-ce que la foi peut légitimer l'asservissement d'un être en raison de son sexe, lui interdire l'accès aux soins, à l'école, à la vie ? Non ! La sécularisation du droit suite à la Révolution française a été pour les femmes une bénédiction. Mais les préjugés, les stéréotypes, l'indifférence, l'ignorance sont tenaces.

La presse illustre l'aveuglement qui existe à propos de la situation des femmes. En août 2010, j'avais été bouleversée par la couverture du *Time*, qui avait eu le courage de mettre à la une le visage de cette jeune femme afghane de 18 ans, Aisha, mariée de force à un homme qui lui avait coupé le nez et les oreilles pour la punir d'avoir voulu fuir son enfer. La même semaine *Le Nouvel Observateur* faisait sa une sur le plaisir au féminin. Pire, au lieu de prendre fait et cause pour une femme devenue le symbole de la barbarie des talibans, la polémique enflait en France à propos de la supposée propagande faite par *Time* pour justifier la présence des troupes américaines en Afghanistan. La question posée par le magazine en 2010 est toujours d'actualité. Que va-t-il se passer quand les troupes étrangères vont quitter l'Afghanistan ? La sécurité de nos soldats doit-elle primer sur le sort de ces femmes bradées sur l'autel de la Realpolitik ?

En 2007, j'ai eu l'inconscience de me présenter aux élections législatives dans une circonscription qui avait été le cœur du FLN algérien, aujourd'hui davantage aux prises avec la montée du phénomène religieux qu'avec la lutte pour un idéal de liberté. Arpentant les rues du 18ᵉ arrondissement, j'ai été confrontée à une scène que je ne suis pas près d'oublier. Le vendredi, à l'heure de la prière, sur les coups de 13 heures, rue des Poissonniers et rue Myrha, plusieurs centaines d'hommes posaient leur tapis sur le bitume pour pouvoir prier. La circulation était empêchée dans des rues entières pour laisser prier ces hommes. Les magasins de la rue des Poissonniers baissaient leur rideau par respect pour les croyants. J'étais partagée. Je ne comprenais pas qu'on laisse toutes ces personnes sur le bitume ; et, en même temps, j'étais révoltée par l'agressivité de certains de ces hommes. Si une femme passait, elle se faisait injurier. Cinq années plus tard la situation n'a pas changé, sauf qu'aujourd'hui l'extrême droite s'est à nouveau installée dans notre paysage politique. Marine Le Pen, animal politique comme son père, n'a pas hésité un seul instant à tirer profit de la situation à des fins électoralistes. Elle a mis sur le devant de la scène cette misère cultuelle faute de lieux adaptés.

Le problème soulevé est celui du financement public des lieux de cultes, prohibé par la loi de 1905. Pour contourner cette interdiction, des municipalités procèdent à des montages juridiques parfois annulés par les juridictions administratives. Le paradoxe est que la République a toujours fait preuve d'un pragmatisme surprenant, et ce quasiment dès l'adoption de la loi sur la séparation des Églises et de l'État. Ainsi, au lendemain de la Première Guerre mondiale, Édouard Herriot, conscient du sacrifice des soldats venus des colonies pendant la guerre, s'attachera à encourager « cet islam qui s'éveille ». Le président du Parti radical fera voter par la commission des finances des crédits pour la construction d'une mosquée, d'une bibliothèque et d'une salle d'études et de conférences, pour honorer ces musulmans morts pour la France. Mettant entre parenthèses le principe de séparation des Églises et de l'État, la République a voulu rendre hommage aux soldats musulmans en accordant une enveloppe de 500 000 francs à la Société des habous et des Lieux saints de l'islam. L'État n'a pas été le seul à déroger à la loi. La ville de Paris y contribua également en cédant gracieusement un terrain en face du jardin des plantes.

La République a été plus prompte à reconnaître Dieu que le droit de vote. Je ne le comprends pas. Pas plus d'ailleurs que l'immobilisme de la France à cette époque alors que, en Algérie, les populations indigènes souffraient de la faim. Albert Camus, alors reporter pour *Alger Républicain*, parcourut la Kabylie pour une série d'articles. Il cria sa révolte devant la misère des populations algériennes. « Pour aujourd'hui, j'arrête ici cette promenade à travers la souffrance et la faim d'un peuple. On aura senti du moins que la misère ici n'est pas une formule ni un thème de méditation. Elle est. Elle crie et elle désespère. Encore une fois, qu'avons-nous fait pour elle et avons-nous le droit de nous détourner d'elle [1] ? » Le jeune journaliste, bouleversé par ce qu'il découvrait au cours de son voyage en terre kabyle, livra un véritable plaidoyer à travers des articles en apparence techniques, portant sur l'agriculture ou sur l'éducation, mais qui visaient à dénoncer l'indigence de ces populations abandonnées à leur propre sort. En Algérie, les habitants réclamaient la construction d'écoles car seul un dixième des enfants en âge de fréquenter cette institution

---

1. Albert Camus, *Chroniques algériennes, 1939-1958*, Folio Essais, 2002, p. 40.

bénéficiait d'un enseignement. Lorsqu'un choix doit être fait entre la construction et le financement d'une église et celui d'une école, ma décision est évidente, claire et sans ambiguïté : l'instruction. De même, entre le droit de vote et le droit de prier dans une mosquée neuve, je n'hésite pas : le droit de vote doit primer.

Or, le gouvernement républicain attendit l'ordonnance du 11 novembre 1944 pour reconnaître le droit de vote aux populations indigènes, alors que le droit à Dieu, symbolisé par la décision d'Édouard Herriot, fut reconnu en 1920. Comment la République a-t-elle pu préférer Dieu à la cité en refusant, pendant plus de cent ans, le droit de vote aux indigènes ? Le paradoxe français réside dans cette contradiction permanente entre les principes énoncés, la laïcité, l'école républicaine, et la réalité. Plutôt que de construire des écoles, on construit des mosquées, tandis que, sur le plan des droits, on continue de refuser aux musulmans un statut juridique égalitaire.

L'effort de scolarisation dans les colonies ne se fera qu'après la Seconde Guerre mondiale. Encore aujourd'hui les autorités publiques sont plus promptes à donner des lieux de culte à des personnes immigrées, qu'à leur donner des logements décents, des écoles dotées de moyens ou des bibliothèques. Après tout, si les conditions de vie des immigrés sont déplorables, ce n'est pas grave, ils ont Dieu. Il y a quelque chose de très féodal dans tout cela. Au Moyen Âge, on promettait aux serfs le paradis après la mort. Aux calvaires de la vie terrestre succéderait la paix, après la mort.

La pratique culturelle de l'islam a changé ces dernières années. Elle ne ressemble pas à celle que j'ai pu observer dans les quartiers quand j'étais enfant. Elle est devenue plus ostentatoire et frôle parfois le ridicule. Le burquini est apparu sur les plages il y a quatre ans. Il s'agit d'une sorte de combinaison de plongée qui ne laisse découvert que l'ovale du visage.

Les autorités locales sont coupables de se laisser impressionner par les associations qui exigent de telles choses, comme ces fameux créneaux horaires de piscine pour les femmes, durant lesquels les hommes sont exclus. J'ai dû me pincer en entendant sur les ondes de France Inter en mars 2012 Martine Aubry expliquer qu'il s'agissait de rendre service à des femmes obèses qui étaient complexées à l'idée d'être à moitié nues devant des hommes. On est loin du combat pour la minijupe des années 1960 où les femmes brûlaient leur soutien-gorge dans la rue en clamant la liberté de disposer de leur corps.

Aujourd'hui, la mixité est rejetée au nom d'une meilleure intégration. C'est pour le moins paradoxal.

Le maintien de ce différencialisme culturel aboutit à accepter silencieusement le pire. La spécificité culturelle est dangereuse car elle exclut. Je suis pour des valeurs universelles, je suis pour les droits de l'homme. Le refus de certains États, comme la Chine, d'appliquer les conventions internationales de protection des droits de l'homme au nom de leur particularisme doit être dénoncé.

Le retour du religieux est partout, y compris dans les chips. Un soir en rentrant chez moi, alors que j'allumais la télévision pour regarder les informations, je suis tombée sur une publicité pour des plats préparés halal. C'était la première fois que je voyais une pub pour des produits communautaires. Je n'en avais jamais vu pour des produits casher non plus. Je reste bouche bée devant cette publicité de lasagnes halal. Le secteur agroalimentaire a compris l'intérêt commercial du communautarisme religieux et les bénéfices qu'il pourrait tirer de cela. Le commerce du halal représente en France plus de 5 milliards d'euros de chiffre d'affaires et dans le monde plus de 448 milliards d'euros. Ce marché est en forte croissance, plus de 10 % par an. Cela en laisse rêveur plus d'un. Des marques très franchouillardes comme Fleury Michon ou Justin Bridou se sont lancées dans le halal avec un grand cynisme mercantile.

Dans les rayons des super et hypermarchés, produits halal et casher se côtoient dans une paix religieuse. C'est impressionnant, savez-vous que le foie gras halal existe ? On trouve aussi des chips Flodor et des bonbons Haribo casher... Des rayonnages complets sont dédiés aux communautés religieuses. Enfant, les seuls produits communautaires que je connaissais étaient le lait caillé, le raïb, et cet horrible saucisson gras et infâme de mouton ! Je ne suis pas opposée à la diversité culinaire. Avoir des produits provenant de pays étrangers est source d'enrichissement sur le plan gastronomique... mais le Mecca-Cola ne me paraît pas indispensable à notre patrimoine culinaire.

Tout cela peut paraître anecdotique par rapport à l'assassinat de Theo Van Gogh, en 2004, quelques mois après la réalisation de son court métrage *Submission*, un film polémique qui dénonçait le traitement infâme réservé aux femmes par les islamistes et leur soumission absurde à Dieu. Ce polémiste a été abattu sauvagement en pleine rue de plusieurs balles et égorgé par un fondamentaliste islamiste. Ce meurtre oublié, pourtant d'une grande violence, a été un choc pour moi. Presque aussi fort que l'incapacité des Pays-Bas à protéger la députée d'origine somalienne, Ayaan Hirsi Ali, qui a dû trouver refuge aux États-Unis parce qu'elle aussi dénonçait le fondamentalisme. L'histoire des caricatures de Mahomet publiées dans le journal danois *Jyllands-Posten* en 2005 déchaîna une vague de haine à travers le monde. C'est étrange que des populations entières se soulèvent de la sorte pour protester contre une éventuelle atteinte à leur religion, tandis qu'ils restent passifs devant la guerre, la mort, l'absence de démocratie et les agressions faites aux femmes.

Lapidations, crimes d'honneur, femmes aspergées d'acide, etc. La guerre doit être déclarée à l'islamisme, cette utilisation dévoyée de la religion à des fins politiques. Il se propage comme une épidémie en Tunisie, en Égypte et en France. Je ne comprends pas pourquoi notre pays refuse d'entrer dans la bataille des idées. La campagne présidentielle a été une occasion manquée. Le seul sujet abordé fut celui des abattages rituels. Pour ou contre le halal, c'est à cela que s'est résumé le débat présidentiel, suite à un reportage diffusé dans *Envoyé spécial* tentant de montrer que tous les animaux abattus en Île-de-France l'étaient selon le rite musulman. Ainsi on mangerait halal sans le savoir. Je me demande ce que cela peut bien changer à notre quotidien sauf, éventuellement, le coût au kilo de la viande, la viande halal étant plus chère.

Tout le monde, droite et gauche confondues, s'est engouffré dans ce débat comme si on devenait musulman contre sa volonté en mangeant une viande halal. L'islam serait devenu une maladie contagieuse dont il faudrait se protéger.

Cette polémique a permis d'ignorer le plus grave : l'Union des organisations islamiques de France (l'UOIF), une organisation proche des Frères musulmans. À la veille de son congrès au Bourget, on a découvert que deux prédicateurs, Yusuf Al-Qaradawi et Mahmoud Al-Masri, connus pour leurs prêches radicaux, avaient été invités. Ces hommes, qui incarnent pourtant l'archaïsme, utilisent la télévision pour diffuser leurs fatwas outrancières et belliqueuses. Ils légitiment notamment les violences faites aux femmes par leurs époux et justifient les attentats suicides en Israël. Chaque semaine, des millions de musulmans regardent et écoutent religieusement l'émission « la charia et la vie » diffusée sur Al Jazeera, une chaîne que l'on peut regarder sur le câble et les chaînes satellites en France. La nouvelle intrusion de la religion dans la sphère publique se fait de manière cathodique. Al Jazeera est le cheval de Troie de l'islamisme.

Comment des personnes sensées peuvent-elles inviter de tels individus sur notre territoire ? Ces individus sont la négation de l'humanisme propre à notre nation. N'est-on pas coupable de porter le même message de haine quand on invite ces hommes ? Peut-on croire en l'ignorance des organisateurs du congrès de l'UOIF ? Cette invitation n'est, à l'évidence, pas anecdotique. Elle nous rappelle que l'UOIF incarne aussi la mouvance islamiste en France. Les espoirs d'une évolution progressiste de l'UOIF sont inexistants. L'erreur primordiale a été commise par Nicolas Sarkozy lorsqu'il a accepté leur invitation en 2003, le 19 avril, en tant que ministre de l'Intérieur, à l'un des grands baroufs de l'UOIF devant un parterre de fidèles divisé selon le sexe. Certes, il y a fait une déclaration réaffirmant le principe de laïcité en exigeant que les femmes posent tête nue pour les documents d'identité. Mais il leur a donné une respectabilité qu'ils ne méritaient pas.

Tout en adhérant officiellement aux valeurs de notre République, des associations locales établies dans les quartiers réussissent à mettre en œuvre et à diffuser un projet sournois. C'est l'implantation d'un islam radical dont la finalité est clairement politique. Loin de moi l'idée de faire un amalgame entre islam et islamisme. Mais la situation outre-Manche est catastrophique. Près de 3 000 jeunes femmes résidant au Royaume-Uni ont été victimes de crimes d'honneur selon une étude de l'IKWRO, une organisation non gouvernementale de défense des droits des femmes iraniennes et kurdes, parue en 2010. Les victimes sont souvent d'origine pakistanaise ou iranienne. Shafilea Ahmed fut l'une d'elles. Cette jeune fille de 17 ans a été étouffée avec un sac plastique par ses propres parents pour avoir porté des vêtements qu'ils jugeaient trop « occidentaux ». Le couple a été condamné à la prison à perpétuité en juillet 2012. Le plus grave, c'est que les forces de police ne répondent pas toujours aux appels de détresse de ces femmes, comme l'a révélé la journaliste Jane Corbin de la BBC dans un documentaire diffusé en mars 2012.

Il convient de débattre mais surtout d'agir pour lutter contre les dérives dangereuses de l'islamisme. N'ayons pas la mémoire courte. Madrid, Londres ou encore Paris ont connu des attentats sanglants au nom de Dieu. La France semble parfois être une démocratie immature, incapable d'aborder des sujets sans tomber dans une hystérie collective. Si on décide, même simplement, de les approcher (immigration, laïcité…), l'on est accusé du pire par la gauche. Pourtant c'est elle qui est responsable de l'installation en France du communautarisme et du différentialisme né d'un sentiment de culpabilité postcoloniale.

La France est une République laïque. Dès l'article 1er de la Constitution du 4 octobre 1958, il est affirmé que : « La France est une République indivisible, laïque, démocratique et sociale. » La France est un État de droit où les libertés sont consacrées et protégées : liberté de pensée, liberté de conscience, liberté cultuelle… Elle ne peut accepter de faire des compromis avec ce qui la définit, quitte à expulser les imams étrangers qui tiennent des propos extrémistes et attentatoires à la dignité et l'intégrité du corps des femmes, ou à refuser l'entrée sur son territoire à ceux qui prônent le djihad.

Au lieu de craindre l'amalgame, les musulmans doivent sortir de leur réserve et davantage dénoncer les dérives fondamentalistes. Les musulmans ne doivent plus rester en retrait face à l'ignominie des régimes islamistes qui sont les véritables fossoyeurs de l'islam.

La France pense qu'en construisant des minarets, elle va éteindre les feux qui commencent à prendre ici et là et qui mettent en cause la sûreté des personnes et de l'État. Elle se trompe : elle devrait aider à la création de chaires à l'Université sur l'histoire des religions et l'enseignement des faits religieux, et développer des lieux de savoir et de culture, non des lieux cultuels. De même, le gouvernement de Jean-Marc Ayrault pense lutter contre le fondamentalisme en envoyant davantage d'imams en prison au lieu d'instruire les détenus pour leur permettre de se réinsérer dans la société à l'issue de leur peine et de ne pas retomber dans les travers du fanatisme. Des intellectuels ont été assassinés pour avoir osé suggérer que l'on pouvait lire le Coran dans un sens différent que celui reconnu par les quatre écoles classiques. Pour avoir osé dater le Coran (aux alentours du VIIe après Jésus-Christ), des fatwas ont été lancées contre eux.

La lecture littérale du texte religieux est une absurdité. Le seul rempart contre le fondamentalisme est la raison. Mohammed Arkoun, ancien titulaire de la chaire d'Histoire de la pensée islamique à la Sorbonne, en appelait à la transgression de la raison coranique pour sortir du cadre étroit où se trouve aujourd'hui l'islam, et faisait, pour cela, intervenir la philosophie, les sciences humaines et sociales.

Parce qu'il n'existe pas de charia light ou d'islamisme modéré, pour ne plus laisser place à l'obscurantisme, il est temps pour la France d'« écraser l'infâme » comme le réclamait Voltaire à la fin de ses lettres au fidèle Damilaville.

Il désignait ainsi le fanatisme, aussi bien des calvinistes que des catholiques. Freud, dans un autre genre, dans l'une de ses conférences en 1932, affirmait que « La vérité ne peut pas être tolérante, elle ne doit admettre ni compromis ni restrictions [1] ». Tel Saint-Just qui clamait : « Pas de liberté pour les ennemis de la liberté. » Pas de laïcité pour les ennemis de la laïcité.

La France a oublié le prix payé pour la liberté, pour la tolérance, sans doute parce que la France est schizophrène. La République qui s'est battue parfois avec férocité pour séparer l'État des Églises n'a jamais appliqué le principe de laïcité sur l'ensemble de son territoire. En Algérie, à l'époque coloniale, si la loi de 1905 y était théoriquement applicable, un décret a été adopté le 27 septembre 1907 pour déroger à la laïcité. Les imams étaient rémunérés par le gouvernement. Seuls ceux qui avaient été agréés par ce dernier avaient le droit de prononcer des prêches dans les mosquées. Le principe de séparation des

---

[1]. Sigmund Freud, *Nouvelles Conférences sur la psychanalyse*, trad. Anne Berman, Idées, Gallimard, 1975, p. 211.

Églises et de l'État n'a donc jamais été appliqué dans cette colonie française. L'Algérie n'était pas la seule exception à ce grand principe constitutionnel. Si on excepte l'Alsace-Moselle, qui était sous souveraineté allemande, on peut citer la Nouvelle-Calédonie, la Polynésie française ou encore Wallis et Futuna. Le cas le plus original reste la Guyane où s'applique encore une ordonnance royale de Charles X du 27 août 1828. Parce que dès l'origine des dérogations ont été admises en raison de l'histoire, de la situation culturelle et ethnique du territoire concerné, la France s'est rendue coupable de trahir un principe qu'elle clamait pourtant si haut et si fort.

Dans les pays du Maghreb, la liberté de la presse n'existe pas. Le printemps arabe a aggravé la situation. Des rédacteurs en chef sont poursuivis et emprisonnés pour avoir publié des photographies de corps dénudés. En Tunisie, le patron de la chaîne Nessma a été condamné pour atteinte au sacré après avoir diffusé le film d'animation *Persepolis* racontant l'histoire d'une enfant qui grandit en Iran sous la révolution islamique. Dans la scène dénoncée, cette petite fille s'adresse à Dieu, or il est interdit de le représenter dans l'Islam. Devant ces menaces de mort, le président de la chaîne a été contraint de présenter des excuses publiques en sus de sa condamnation judiciaire. Par ailleurs, le patron de la chaîne diffusant les guignols tunisiens a été emprisonné en août 2012. En Égypte, le 20 juillet, premier jour du ramadan, une chaîne de télévision du nom de l'une des épouses du prophète Mahomet, Mariya, fut lancée. Seules des femmes en niqab y apparaissent et les hommes y sont interdits. Cette chaîne, véritable ovni dans le paysage audiovisuel, vise, selon ses créatrices, à sensibiliser les femmes à la sunna, c'est-à-dire aux pratiques d'un islam rigoriste. Cette chaîne appartient à un cheik salafiste.

Si les journalistes sont attaqués, ils ne sont pas les seuls. Les artistes le sont également. Lors d'une exposition organisée pour la foire d'art contemporain à Tunis, le Printemps des Arts, au palais Abdellia à La Marsa, des émeutes ont éclaté pendant plusieurs jours à la mi-juin 2012. Un couvre-feu a été décrété. Une liste d'artistes à abattre a même été dressée et elle circule sur Internet avec la photo et le numéro de téléphone de ces artistes. Les toiles les plus controversées sont celles de Mohamed Ben Slama, notamment celle représentant une femme nue dont le sexe est caché par un plat de couscous et celle où le nom de Dieu est tracé par des fourmis sorties du cartable d'un écolier. Ces œuvres jugées offensantes, dénoncées comme blasphématoires, ont provoqué un scandale qui montre que les islamistes ont décidément beaucoup de points communs avec les anciens tyrans de la région. Le ministre de la Culture, Mehdi Mabrouk, qui aurait dû soutenir la liberté artistique, a au contraire fermé l'exposition et décidé de porter plainte contre les organisateurs pour atteinte au sacré. En France, on constate aussi, mais heureusement de manière sporadique, de tels actes. En avril 2011, des intégristes catholiques ont saccagé à coups de marteau l'œuvre de l'artiste américain Andres Serrano, le *Piss Christ*, une photographie d'un crucifix plongé dans l'urine exposée au musée d'Art contemporain à l'hôtel de Caumont à Avignon. On se souvient encore également des trois salles de cinéma incendiées en 1988 lors de la projection du film de Martin Scorsese, *La Dernière Tentation du Christ*. La différence fondamentale entre la France et la Tunisie est que l'État français a toujours été du côté de la liberté artistique au nom de la liberté d'expression consacrée par la Déclaration des droits de l'homme et du citoyen du 26 août 1789 qui, dans son article 11, dispose : « La libre communication des pensées et des opinions est un des droits les plus précieux de l'homme : tout citoyen peut donc parler, écrire, imprimer librement, sauf à répondre de l'abus de cette liberté, dans les cas déterminés par la loi. » La religion a souvent fait appel à des artistes pour représenter l'invisible, Dieu, et les plus grandes œuvres leur ont été commandées par les autorités ecclésiastiques, comme la chapelle Sixtine et le travail exceptionnel de Michel-Ange. Aujourd'hui, je ne suis pas certaine du rôle positif joué par les autorités religieuses dans la création artistique.

Si les nouvelles technologies ont permis de renverser les régimes autoritaires, les nouveaux gouvernements ne sont guère reconnaissants face aux jeunes blogueurs. Deux jeunes internautes tunisiens, diplômés au chômage, en ont fait l'amère expérience. Ils ont été condamnés tous les deux à plus de sept années de prison pour avoir posté sur Facebook des caricatures de Mahomet (des dessins du prophète nu), pour atteinte à la morale, trouble à l'ordre et diffamation. Pour pourchasser tous les libres penseurs, Ennahda, parti majoritaire, a déposé le 1er août 2012 devant l'Assemblée nationale constituante un projet de loi pénalisant l'atteinte au sacré et prévoyant une peine de prison ferme pouvant aller jusqu'à deux ans, quatre en cas de récidive. Seront punies : « l'injure, la profanation, la dérision et la représentation d'Allah et de Mahomet ».

Mais tout va bien en Tunisie. C'est la démocratie nous dit-on. Drôle de démocratie ! J'appelle plutôt cela une tyrannie.

Le 17 juillet 2012, le président tunisien Moncef Marzouki est reçu en grandes pompes en France par le chef de l'État et le président des assemblées. Évidemment, les questions qui fâchent ne sont pas évoquées et, pour ceux qui tentent, timidement même, d'effleurer la question de la liberté et des droits des personnes, habilement Marzouki rappelle le soutien de la France à Ben Ali au perchoir de l'Assemblée nationale. Allons-y, fermons les yeux sur les salafistes armés qui tiennent des villes en Tunisie. Ignorons volontairement qu'un président de la faculté des lettres de La Manouba, lieu incarnant le savoir et la vie intellectuelle, risque cinq ans de prison pour altercation avec deux étudiantes en niqab. Et occultons qu'une lutte impitoyable, menée par les salafistes, se déroule depuis novembre 2012 pour imposer le voile intégral à l'Université. La diplomatie ne sert pas toujours la démocratie.

Seulement trois semaines après cette visite en France, la commission chargée de rédiger la nouvelle Constitution tunisienne adopte une loi infâme revenant sur le sacro-saint principe d'égalité entre les femmes et les hommes pourtant inscrit depuis 1956 dans la législation sous l'impulsion du président Bourguiba. Désormais, les femmes ne sont plus les égales des hommes mais leur « complément ». « L'État assure la protection des droits de la femme et de ses acquis, sous le principe de complémentarité avec l'homme au sein de la famille, et en tant qu'associée à l'homme dans le développement de la patrie. » Cet acte intervient alors que les Tunisiennes fêtaient les 56 ans du code du statut personnel qui leur permit de s'émanciper. Interrogé par un journaliste du *Figaro* le 9 septembre 2012, le président Marzouki évoque une maladresse, mais ne condamne pas cette négation d'un principe fondamental. La volonté de la Constituante d'instaurer une société wahhabite sur le modèle saoudien ne fait plus aucun doute. Habiba Ghribi, le 7 août 2012, décrochait à Londres sa première médaille olympique (l'argent) en 3 000 mètres steeple ; les fondamentalistes tunisiens ont alors exigé qu'elle soit déchue de sa nationalité pour avoir concouru dans une tenue « dénudée et indécente », c'est-à-dire en short et ventre nu. Rappelons que le steeple est une course de demi-fond. Son compatriote, Oussama Mellouli, champion olympique en natation, deux fois médaillé à Londres, lui, s'est vu attaqué et traité de mécréant pour avoir bu un jus de fruits à la fin de sa course en plein ramadan. Où va la Tunisie ? Allons-nous continuer à rester aveugles à ce qui s'y passe ?

L'été 2012 a été très sombre pour le Sahel avec la montée en puissance des islamistes dans la région. Chaque jour on nous annonce les crimes les plus horribles commis au nom de Dieu. Le nord Mali est devenu le nouveau théâtre de la barbarie des islamistes. D'abord, ces derniers se sont attaqués à des mausolées de saints musulmans à Tombouctou, vieux de plus de dix siècles, rappelant la destruction en mars 2001 par les talibans de deux bouddhas de Bâmiyân qui illustraient la splendeur de la civilisation Gandhara. Classés au patrimoine mondial de l'UNESCO comme les bouddhas, ils ont été détruits par ces fous de Dieu, plus précisément par le groupe Ansar Dine, allié d'Al-Qaïda au Maghreb islamique (AQMI). Puis ils se sont naturellement attaqués aux hommes. Des dizaines de coups de fouet en public ont été infligés à ceux qui furent pris en flagrant délit de fumer ou de boire de l'alcool. Mais le pire restait à venir. C'est dans la localité d'Aguelhok, dans le nord-est du Mali, que le drame a eu lieu. Parce qu'un couple qui avait un enfant n'était pas marié, il a été lapidé sans pitié. Amenés au centre de la place publique, leurs corps à moitié enterrés, ils ont été tués sous les coups de pierres jetées par les islamistes devant plusieurs centaines d'habitants sans que personne ne réagisse. Ce cas n'est plus, hélas, isolé au Mali qui a perdu une part de son humanité en laissant s'instaurer la charia.

Au Pakistan, une société féodale où l'on ne compte plus les femmes vitriolées, une jeune enfant handicapée a été jetée en prison en août 2012 pour blasphème. Comment ne pas penser à cette pauvre Asia Bibi, chrétienne, condamnée à mort pour avoir bu dans une fontaine et souillé ainsi l'eau du puits ?

Comment la France peut-elle rester indifférente à cette dégradation des droits et des libertés ? Une France atone, amorphe, éteinte devant les attaques incessantes contre le principe de laïcité et le principe d'égalité. J'ai peur qu'elle en perde son identité.

Je suis même tétanisée à l'idée que demain, je pourrais ne plus être libre de penser, de dire ce que je veux, de blasphémer. Je reconnais que j'ai une certaine admiration pour les journalistes de *Charlie Hebdo* qui ne s'interdisent rien et renvoient dos à dos les intégristes de tous bords, aussi bien les catholiques que les islamistes. En décembre 2011, le journal faisait sa une sur le ridicule des réactions des traditionnalistes qui ont protesté devant le Théâtre du Rond-Point contre la mise en scène de Rodrigo Garcia dans la pièce *Golgota Picnic*. Évidemment, cela peut parfois coûter très cher. Parce qu'il avait dénoncé, en novembre 2011, non sans humour, la victoire du parti tunisien islamiste Ennahda et le fait que le gouvernement libyen, tout juste libéré du joug du tyran fou Kadhafi, ait décidé d'appliquer la charia, les locaux du journal ont été brûlés. *Charlie* s'était rebaptisé pour l'occasion « *Charia Hebdo*, 100 coups de fouet si vous n'êtes pas morts de rire » et avait fait de Mahomet leur rédacteur en chef. Cette fois pour *Charlie Hebdo*, pas de procès comme avec la publication des caricatures de Mahomet, mais une attaque au cocktail Molotov. Le 19 septembre 2012, quelques jours après les violences meurtrières soulevées par le film *L'Innocence des musulmans*, la parution de leur numéro intitulé *Intouchables 2*, dont la couverture montrait un rabbin poussant Mahomet dans un fauteuil et où figuraient des caricatures, certes pas toujours du meilleur goût (on pouvait y voir les fesses du prophète), a divisé la classe politique. Elle a prouvé que le gouvernement de Jean-Marc Ayrault et que les leaders de la droite comme Jean-François Copé ou Brice Hortefeux ont abdiqué dans le combat pour la libre expression en s'inclinant devant les communautés religieuses. Tous ont dénoncé les excès et les provocations de l'hebdomadaire. Il est donc interdit de critiquer Dieu ou ses prophètes. Salman Rushdie, quant à lui, est toujours protégé par les services de Sa Majesté pour avoir écrit les *Versets sataniques*. Il me semble pourtant que critiquer, détourner les figures religieuses est une nécessité pour éviter de sombrer dans l'obscurantisme. À une époque où la science et la raison devraient triompher, la croyance fanatique dans des idoles est de retour. Dans un livre posthume, Mohammed Arkoun écrit « les islamistes sont d'abord des activistes politiques nourris d'idéologie qui s'accrochent à une ossature doctrinale frigorifiée. Ils prônent la force, et leur dogmatisme va jusqu'à tuer si on ne les suit pas [1] ».

Je sais qu'en tenant des propos durs sur l'islamisme, je me mets en danger d'être accusée d'islamophobie. Mais combien de personnes, de Voltaire à Rousseau, ont-elles été exilées, emprisonnées, voire tuées pour avoir défendu ce qu'elles croyaient juste ? Je méprise les esprits conformistes, les bien-pensants, qui n'osent pas

---

[1]. Mohammed Arkoun, *La Construction humaine de l'islam*, Albin Michel, 2012, p. 208.

affronter ces dérives religieuses qui sont en réalité des dérives totalitaires.

Avec la radicalité caractéristique des hommes de la Troisième République, Léon Gambetta n'hésitait pas, tout en appelant au respect des lois, à « réintégrer dans la position inférieure et subalterne les Églises ». Il me semble que nous n'avons pas d'autre alternative aujourd'hui que de mettre les religions dans une situation d'infériorité. Gambetta, avec une éloquence certaine, déclamait à la Chambre des députés, à propos du cléricalisme : « Voilà l'ennemi ! » Dans une démonstration percutante le 4 mai 1877, il dénonçait la confusion entre le temporel et le spirituel, critiquant notamment une allocution du pape Pie IX qui demandait aux clergés de tous les États européens de faire pression sur leurs gouvernements en faveur de la papauté contre le gouvernement italien. Ne supportant pas cette intrusion, ce digne républicain déclarait : « Le mal clérical s'est infiltré profondément dans ce qu'on appelle les classes dirigeantes du pays ; c'est que ceux qui le répandent et le prolongent ont pris si bien soin, depuis vingt ans, soit dans les écoles qui préparent aux administrations publiques, soit dans ces administrations, soit dans les sphères gouvernementales proprement dites, de faire pénétrer non seulement leur esprit, mais leurs créatures que, aujourd'hui, ils ont presque toujours, sinon la connivence, au moins la complaisance d'un grand nombre de fonctionnaires de l'État... Si on n'adopte pas un prompt remède pour résister à cet esprit d'envahissement et de corruption, il atteindra le double but qu'il se propose : la conquête de l'État et la direction des foules. »

Reprenant les travaux de Claude Cahen, Mohammed Arkoun a fondé ses recherches sur un triptyque que je fais mien : transgresser, déplacer, dépasser. Car si on ne transgresse pas, on ne se déplace pas vers des horizons plus larges. Vive la transgression pour sauver l'égalité et la laïcité !

*Une école faillible ;
où sont passés les hussards ?*

De mon entrée à l'école primaire Paul Langevin, en face du centre socioculturel de Déols, à ma soutenance de doctorat à la Sorbonne sur les origines de la Constitution de la Quatrième République, il s'est écoulé une vingtaine d'années au cours desquelles je n'ai jamais douté de la possibilité de m'extraire de mon milieu social par l'école. Je savais, au plus profond de moi, que c'était par l'école, et seulement par elle, que je gagnerais ma liberté. Je trouvais ma famille oppressante voire aliénante. Parce que j'étais une fille, mes parents m'imposaient plus de contraintes. J'étais malheureuse à Déols. Les chroniques du racisme ordinaire dans une petite ville de province m'insupportaient. Si les Déolois votaient massivement pour le Parti communiste, ils nourrissaient aussi une haine de l'étranger. Je connaissais, dès mon plus jeune âge, toutes les injures racistes pour les avoir entendues au moins une fois, y compris à l'école : bicot, melon, raton, bougnoule, crouille, sale Arabe…

Par l'instruction, par l'apprentissage, l'école me permettait de m'échapper de ce quotidien pesant et asphyxiant. Le désir de connaissance était précoce chez moi. Les enfants d'une même fratrie sont différents les uns des autres. Autant mes frères et sœur fuyaient l'école, autant moi je la recherchais. Je n'avais pas encore l'âge d'y aller que je suppliais ma mère de m'y emmener. Je pleurais pour y aller. Les circulaires du ministère de l'Éducation nationale sont strictes. Elles ne permettent qu'aux enfants âgés de 3 ans d'être scolarisés, j'étais condamnée à rester à la maison. Quand enfin ce vœu fut exaucé, je voulais en profiter pleinement. Alors que les enfants ne vont à l'école que le matin, je hurlais pour y rester l'après-midi. Je faisais tourner ma mère en bourrique qui avait pris l'habitude de faire une sieste, et dont je contrecarrais ainsi les projets de douce oisiveté.

Il n'existe qu'une photographie de moi enfant. J'y tiens d'un côté la main épaisse et large de mon père et, de l'autre, un petit cartable rouge avec un liseré blanc. J'avais totalement oublié ce petit cartable rouge où je rangeais précieusement un collier cassé de perles. Cette amnésie partielle incarne d'une certaine manière ma désillusion face au système éducatif français, celui dans lequel, quelques années auparavant, je plaçais tous mes espoirs. Ma fonction de secrétaire d'État à la Jeunesse et à la Vie associative placée auprès du ministre de l'Éducation nationale, Luc Chatel, n'a fait que confirmer ma conviction que le modèle républicain et son idéal (l'idée de progrès par le savoir et l'instruction) sont en danger. Et ce n'est pas sans une grande amertume, et une forte douleur, que l'on fait ce triste constat. Cet idéalisme, parfois naïf, est viscéralement ancré en moi. Je le tiens de mes parents qui n'ont pourtant pas pu accéder à l'enseignement dans ce département français appelé l'Algérie.

Jules Ferry, père de l'instruction publique laïque, gratuite et obligatoire de la Troisième République, et ses instituteurs, les hussards noirs immortalisés par Charles Péguy, sont les figures idéalisées de notre modèle républicain. Mais Jules Ferry, à qui le président de la République François Hollande a tenu à rendre hommage juste après son investiture le 15 mai 2012, illustre cette schizophrénie française qui continue. Certes, François Hollande voulait rappeler l'héritage républicain de Ferry. Mais je refuse de penser un seul instant que les brillants conseillers énarques du Président ignoraient que Jules Ferry était aussi l'auteur de thèses graves et inadmissibles sur la colonisation. Dans un discours prononcé à la Chambre des députés le 28 juillet 1885, il déclare : « Il faut dire ouvertement qu'en effet les races supérieures ont un droit vis-à-vis des races inférieures... Je répète qu'il y a pour les races supérieures un droit, parce qu'il y a un devoir pour elles. Elles ont le devoir de civiliser les races inférieures... » À côté Claude Guéant passe pour un petit joueur lorsque, devant le syndicat étudiant l'UNI, le 4 février 2012, il disait : « Toutes les civilisations ne se valent pas. » Il suscita par de tels propos une juste indignation.

Si seulement Jules Ferry avait été jusqu'au bout de sa théorie en proposant une instruction obligatoire et laïque et un accès gratuit à l'école aussi aux races inférieures, mes parents sauraient lire et écrire aujourd'hui. L'effort de scolarisation en Algérie ne date que de 1946, presque quarante ans après l'application en métropole des principes républicains à l'école. Mon père avait déjà 15 ans, et travaillait dans les champs près de Médéa depuis au moins cinq ans. L'école publique, laïque, gratuite et obligatoire était un mythe pour mes parents. Ils s'y sont pourtant accrochés. Pourquoi croyaient-ils en la République alors qu'elle les avait écartés, exclus, ignorés ? Je ne le sais toujours pas.

La France est schizophrène. Ses grands principes ont toujours valu pour la métropole, pas pour ses colonies. L'inégalité juridique était le droit commun. Le suffrage universel, « un homme, une voix », ne s'appliquait pas. Il faudra attendre 1946 et la réunion d'une nouvelle Assemblée nationale constituante chargée de rédiger la nouvelle Constitution après la chute du régime de Vichy pour qu'enfin la qualité de citoyen soit reconnue à tous les ressortissants des territoires d'outre-mer[1]. Avant cette date, des millions d'individus étaient exclus du droit de vote. Comment parler d'une démocratie française alors qu'on refusait de reconnaître ces femmes et ces hommes comme des citoyens à part entière ? La France trahissait tous ses idéaux, et pas seulement dans les colonies. Les femmes n'avaient pas non plus le droit de vote en métropole. L'ordonnance de 1944, puis la

---

1. Léopold Sédar Senghor déclara dans son rapport : « Le fait principal, le fait capital de la Constitution de 1946 sera la reconnaissance des droits de l'homme et du citoyen, non seulement à la femme de la métropole, mais encore – j'allais dire surtout – à l'homme et à la femme d'outre-mer. » *Journal officiel*, 2e séance du 11 avril 1946, p. 1713.

Constitution du 27 octobre 1946 leur accorderont enfin ce droit, près d'un siècle après la reconnaissance du suffrage universel masculin en 1848 avec l'adoption de la loi Ledru-Rollin.

Pendant l'Occupation, la Résistance fut habitée par cette passion pour l'égalité chère à Tocqueville. Une révolution copernicienne s'annonçait à tel point que les députés de l'époque n'hésitaient pas à se référer à l'édit de Caracalla, par lequel la Constitution antonine reconnaissait la citoyenneté romaine à tous les hommes libres de l'Empire en 212 après Jésus-Christ. Mais comme dans l'Empire romain, entre les principes et la pratique réelle du pouvoir démocratique de la Quatrième République s'annonçaient bien des distorsions inadmissibles.

Immédiatement après avoir été consacré, le droit de vote pour les indigènes a été limité. Le Parlement s'est précipité pour adopter une loi, le 5 octobre 1946, définissant des conditions restrictives requises pour s'inscrire sur les listes électorales, sésame pour pouvoir voter. Les conditions les plus farfelues étaient exigées : être titulaire d'un permis de chasse ou posséder le permis de conduire. Comme si savoir tuer un animal ou savoir faire un créneau était un élément décisif en démocratie. Cette loi a exclu *de facto* des millions d'autochtones des bureaux de vote. Pire, elle instaurait ces fameux doubles collèges qui impliquaient une représentation distincte entre les autochtones et les métropolitains résidant sur les territoires d'outre-mer. Les droits politiques bafoués, il ne pouvait qu'en être de même s'agissant des droits sociaux. L'inégalité entre les populations européennes et indigènes était la règle. Ces dernières ne bénéficiaient pas des mêmes droits et libertés. Les travaux forcés ont perduré en Algérie jusqu'à la fin de la Seconde Guerre mondiale. La République n'a pas été reconnaissante des vies tombées pour elles. Malgré les sacrifices humains des régiments d'Afrique pour libérer la France du joug nazi, rares étaient les députés élus en 1945 qui réclamaient sans la moindre ambiguïté l'égalité réelle des droits pour ces femmes et ces hommes. Un seul, René Capitant, professeur de droit à la faculté de Strasbourg, résistant pendant l'Occupation, fit, au cours des débats de l'Assemblée nationale constituante, une déclaration dans laquelle il rappelait la nuit du 4 août 1789. Cette fameuse nuit où furent abolis les privilèges qui existaient sous l'Ancien Régime entre les différents ordres. Le professeur Capitant, futur ministre de l'Éducation nationale sous le général de Gaulle, père du gaullisme social avec Léo Hamon et Louis Vallon, refusa tous les actes iniques de Vichy au prix de sa vie. Il demanda par la suite aux métropolitains qu'ils renoncent à leurs privilèges et affirment l'égalité totale des droits entre les populations coloniales et la population métropolitaine [1]. La majorité SFIO/PC fut sourde à cet appel. Des progrès allaient venir mais il était déjà trop tard ; la marche vers l'indépendance était en cours car la République avait refusé de reconnaître tous ses enfants.

Mes parents n'ont donc pas usé leur fond de culotte sur les bancs de l'école républicaine. Pourtant, ils en savaient la nécessité pour leurs enfants. Ils voulaient que je sache ce qu'eux ne savaient pas : lire et écrire. Ils désiraient que je devienne une personne éduquée pour être autonome. Ils me le rabâchaient chaque jour que Dieu faisait. Ils en faisaient d'ailleurs la colonne vertébrale de leur éducation. Ce fut leur leitmotiv, leur refrain, leur rengaine. Des gestes simples leur sont impossibles. Lire la presse notamment. C'est mon petit frère, Nadji, qui fait chaque jour la lecture de *La Nouvelle République* à mon père sur la table de la salle à manger. Chaque fois que je les vois tous les

---

1. Séance de la commission de la Constitution, tome I, p. 324.

deux, j'ai les larmes aux yeux et je me souviens de la chance que nous avons eue d'aller à l'école. Cependant, je reste en colère de voir mes parents confrontés chaque jour à ce handicap du fait de l'injustice qui leur fut faite. On est esclave quand on ne sait pas lire. Ce livre, ils ne pourront pas le lire.

Je me souviens encore de ce jour où mes parents se sont perdus pendant plus de deux heures sur une route du Berry car ils étaient dans l'incapacité de trouver leur chemin, ne pouvant lire les panneaux de signalisation. Dans le métro, je croise souvent des chibanis, ces hommes aux cheveux blancs comme on dit en arabe, en train de chercher leur ligne et n'osant pas, par pudeur, demander leur chemin. J'ai le cœur serré chaque fois. Ce sentiment d'impuissance mêlé à la honte de ne pas savoir lire, je le connais, je l'ai vu dans les yeux de ma mère. Elle n'y est pourtant pour rien. Aînée d'une famille de neuf enfants, il lui était interdit d'aller à l'école car elle était une esclave ménagère, une seconde mère pour ses frères et sœurs. Quand elle s'enfuyait de la maison pour aller à l'école à des kilomètres de la ferme, ma grand-mère allait la chercher et la battait car elle avait osé défier l'autorité. Ma mère, à 6 ans, était dans des champs de pois chiches avec son petit frère accroché au bras.

Elle nous raconte encore le rêve qu'elle avait de devenir infirmière militaire. Elle pleure de ne pas avoir pu faire d'études. Vous comprenez pourquoi je me suis accrochée à l'école ; je voulais réparer ces injustices.

Ainsi, même si mes parents ne pouvaient pas vérifier ce que ma sœur, mes frères et moi faisions lorsque nous faisions nos devoirs, ils nous rappelaient la nécessité de travailler à l'école. Lorsqu'elle nous surprenait à nous plaindre, ou si nous refusions de faire nos devoirs, ma mère n'hésitait pas à nous crier dessus et à nous rappeler que la vaisselle restait à faire. Je n'ai jamais aimé faire le ménage. J'ai eu la chance de pouvoir m'investir dans les études pour ne pas avoir à passer la serpillière.

L'acharnement de mes parents m'a permis de rattraper les écarts qui existaient entre un enfant de professeurs et moi, fille d'ouvriers immigrés algériens. L'exemplarité et la détermination de mes parents à vouloir le meilleur pour moi ont bouleversé les déterminismes sociaux décrits avec finesse il y a plus de cinquante ans par Pierre Bourdieu.

Dans un pays comme la France qui honnit les discriminations positives, que faire ? Se lamenter ? Se faire une raison ? Non ! Fournir deux fois plus d'efforts que les autres pour arriver à un résultat satisfaisant. C'est du moins la solution que j'ai choisie. Il ne pouvait en être autrement car je prenais exemple sur mon père, Bouya, comme on le surnomme dans ma famille. Il travaillait toutes les nuits dans une fonderie chez Schlumberger à Châteauroux, avenue de la Châtre. Il partait dans sa Simca bleue tous les soirs à la même heure, 20 h 15, et rentrait à l'aube, à 5 h 30. Malgré ce rythme insoutenable, tous les matins, il tenait à me conduire à l'école pour que je sois la plus attentive en classe. Je tentais bien de me faufiler de la maison sans faire de bruit pour que mon père puisse se reposer, mais sans succès. Je crois qu'il s'efforçait de ne pas s'endormir pour pouvoir m'accompagner. L'usine, la pénibilité des travaux ont malheureusement fragilisé sa santé et sa vitalité.

Sans doute le fait de ne jamais voir mon père se plaindre, m'a-t-il fait prendre conscience de la nécessité de se battre. Le voir se sacrifier pour sa famille dans un travail dur et mal payé, m'a poussée à tout faire pour le rendre fier de moi. Paradoxalement, Bouya comme Imma, maman en arabe, poussaient davantage leurs filles que leurs garçons à travailler à l'école. Ils voulaient que ma sœur et moi soyons autonomes et que nous ne soyons surtout jamais dépendantes d'un mari qui, dans leur esprit, ne pouvait être que maltraitant. Ils connaissaient trop bien, pour l'avoir vécu, le sort réservé aux jeunes filles arabes mariées. Vivant sous le même toit que leur belle-famille, elles sont violentées par leurs belles-mères qui n'hésitent pas à en faire de véritables esclaves domestiques. Mes parents ne voulaient pas que leurs filles vivent le calvaire qu'ils avaient, hélas, enduré. Leur peur m'habite encore.

Seuls mes frères avaient le droit de sortir avec des copains et de faire du sport. Moi, je n'avais que mes cahiers de devoirs et mes livres. Je les ai donc ouverts et j'ai travaillé. Mes parents nous disaient, « si les garçons ne réussissent pas à l'école, ce n'est pas grave, ils pourront travailler à l'usine ou garder les moutons et les chèvres. Pas les filles. Elles sont trop fragiles. L'école les protégera de la dureté de la vie ». Je me suis toujours demandé où mes parents avaient vu qu'en France on pouvait gagner sa vie en gardant des chèvres. Ce discours a néanmoins été un moteur. Pas pour mes frères, malheureusement, qui ont abandonné leurs études au lycée. Probablement aussi parce que mes parents leur autorisaient beaucoup plus de choses qu'à ma sœur et à moi.

On répète souvent cette fameuse formule du prophète Mahomet : « L'encre d'un écolier est plus sacrée que le sang d'un martyr. » Il y avait chez mes parents un vrai respect pour la connaissance et la science. Aujourd'hui j'en suis convaincue : la seule véritable liberté est l'instruction. L'illettrisme et l'analphabétisme sont une forme d'asservissement.

L'école représentait deux choses à mes yeux. D'une part, un espace de liberté loin des contraintes qui pesaient sur moi parce que j'étais une fille. D'autre part, la promesse d'une vie meilleure que celle de mes parents. J'ai commencé à travailler à l'âge de 15 ans. J'ai fait des « petits boulots », jamais très gratifiants. Ces expériences, dont j'aurais bien fait l'économie, ont fini par me convaincre définitivement qu'il valait mieux réussir ses études plutôt que de travailler à l'usine sur une chaîne de montage. C'est, d'une certaine façon, par paresse que j'ai travaillé à l'école, par refus d'avoir un emploi pénible. Le fait de voir mes parents tout sacrifier pour nous m'a aussi motivée. J'ai donc été le plus loin possible : jusqu'au doctorat. J'aurais continué si j'avais pu, tant j'aimais l'Université. Les jeunes d'aujourd'hui veulent arrêter le plus tôt possible leurs études. Quelle drôle d'idée ! S'ils savaient quelle chance ils ont !

« Chez nous, les fins de mois étaient difficiles, surtout les trente derniers jours », disait Coluche dans un sketch que j'adore. Par peur de manquer, d'être dans la pauvreté, j'ai redoublé d'efforts à l'école. Il faut dire aussi que je n'ai eu aucune qualité artistique, sportive ou physique. La musique était exclue pour moi, je chante comme une casserole. Le mannequinat ou le cinéma *idem*, je mesure un mètre soixante et j'ai quinze kilos en trop. La seule issue de secours était l'école.

Si je ne suis évidemment aujourd'hui ni Beyoncé ni Naomi Campbell, je suis néanmoins maître des requêtes au Conseil d'État. Je suis le pur produit de l'école républicaine, contre-exemple des dogmes bourdivins de reproduction sociale. D'après les études statistiques, étant enfant de travailleurs pauvres et immigrés hors Union européenne, je n'avais que très peu de chances de réussir. Le destin en a décidé autrement. Pourtant ce n'était pas gagné. J'aurais pu être écœurée par l'école en raison des humiliations et des vexations que m'ont fait subir ceux-là mêmes qui étaient censés nous éduquer.

À Châteauroux, il y avait, pour faire simple, deux catégories de population considérées comme des lépreux : les Arabes et les gens du voyage (comprenez, qui ne voyageaient plus, mais qui continuaient à vivre dans leur caravane sur des terrains vagues). Nous, Manouches et Arabes, étions au fond de la classe car il ne fallait pas que nous puissions réussir. Nous ne le pouvions pas d'après les statistiques. De toute façon, ils ne pouvaient pas imaginer un seul instant que nous étions des enfants comme les autres. Ainsi avions-nous droit à une séance humiliante quasi hebdomadaire qui consistait, pour notre cher instituteur, monsieur Campos, à nous chercher des poux dans la tête. Littéralement ! Ce dernier pensait sans doute que nous n'étions pas propres. Il faisait partie de ces anciens fonctionnaires coloniaux qui avaient dû quitter l'Algérie en catastrophe, perdant dès lors tous les avantages financiers liés à leur statut. Sans faire de psychologie à deux sous, il me faisait un peu payer la fin de ses privilèges. J'ai appris à baisser la tête à ce moment précis. Pour mieux la relever plus tard. C'est étrange comme, enfant, les choses paraissent évidentes. Une rage présente chez un jeune individu peut le rendre capable de tout supporter. Jamais cet instituteur n'aurait pu imaginer que je pourrais un jour être là où j'en suis, devenir ministre de la République française.

Nous, les Manouches et les Arabes, étions unis sur les bancs de l'école, dans le malheur certes, mais surtout dans l'espoir d'un monde meilleur. Zebda, le groupe de musique français très engagé, dans l'un de leurs albums, intitulé *Essence ordinaire*, sorti en 1998, a consacré un titre à la communauté manouche peu connue et rejetée en France malgré sa présence vieille de plusieurs millénaires. Le groupe toulousain s'adressant aux enfants des deux communautés chante avec poésie : « Vous serez tous premiers de la classe, puis ça sera pas des classes mais des salons. Et sur ma tête ! Y aura pas un crayon. À ces mots les mômes ont lâché les ballons. Les petits qu'étaient accrochés aux jupons ont dit oui ! Quand il a dit la première leçon, sera comment faire cuire les hérissons… »

Pire que monsieur Campos, il y avait madame Ladame, la professeur de CM1 de l'école Henri-Wallon. C'était une petite bonne femme sèche, aux cheveux au carré très noirs, le teint toujours hâlé ! Son plaisir était de me rappeler, chaque fois que l'occasion le permettait, mes origines étrangères. Je m'en souviens comme si c'était hier. Le temps n'y fait rien. Un après-midi, elle nous avait demandé de raconter un souvenir d'enfance de nos parents. J'avais alors levé le doigt comme la petite élève volontaire que j'étais, pour conter l'un des épisodes de la vie d'enfant de ma mère digne d'un roman de Victor Hugo. J'ai retracé l'enfance de ma mère, fille aînée d'une fratrie d'une dizaine d'enfants, en Algérie, dans la région d'Oran. J'ai raconté comment elle n'avait pas le droit d'aller à l'école ; comment elle devait faire des kilomètres pour laver des draps en lin épais dans la rivière, comment elle travaillait dans les champs de pois chiches avec son petit frère Hadj pour gagner trois francs six sous, ma grand-mère étant toujours alitée, son corps frêle ne supportant pas ses grossesses multiples... Brutalement, madame Ladame, devant toute la classe, me demande d'arrêter immédiatement mon récit, en me disant que l'histoire que je raconte ne peut pas se dérouler en France. Or, l'Algérie de mes parents était un département français ! La bêtise et l'inculture existent aussi chez les enseignants. Le but de cette remarque était seulement de signifier aux autres élèves que je n'étais pas française. Quelques semaines après, elle enfonça le clou en me demandant, devant tous mes camarades : « Vous n'êtes pas française, vous êtes de quelle origine ? » J'ai répondu d'une voix qui venait du plus profond de mon ventre : « Je suis française ; mes parents sont français. » Mais elle insistait : « Ta mère a un accent, elle ne parle pas bien français. » Je ne cédai pas et continuai à répéter la leçon que nos parents nous inculquaient. « Notre pays, c'est la France. » Plus je m'obstinais à dire que j'étais française, plus elle me haïssait. Évidemment, après cet épisode, les injures racistes ont plu dans la cour de récréation. Madame Ladame traitait peut-être inconsciemment les élèves différemment, en fonction de leurs origines y compris sociales. Son travail n'était plus alors de transmettre des savoirs, mais de sélectionner des élèves en démolissant ceux qui n'étaient pas comme les autres. Ma chance a été d'être une petite fille. Si j'avais été un garçon, je me serais sans doute révolté. Adolescent, j'aurais peut-être frappé le professeur qui aurait voulu m'humilier en me rappelant mes origines étrangères. J'aurais alors été viré de l'école et le Conseil d'État me serait passé sous le nez. Quand on est une fille, se bagarrer n'est pas la première chose à laquelle on pense, on attend généralement que l'orage passe. Mais j'avais la rage et je pensais chaque fois : « Ils verront : demain, la roue tournera ! » Je travaillais encore plus mes leçons à la maison, c'était mon refuge. Leur haine de la différence, leur rejet ont fait ce que je suis. Je devrais leur dire merci. Merci à tous ces gens qui nous ont, ma famille et moi, insultés, méprisés, rejetés parce que nous étions arabes. On est toujours plus fort dans l'adversité. « Ce qui ne me tue pas me rend plus fort », disait Nietzsche.

Ma conviction profonde est que certains professeurs et conseillers d'orientation sont responsables de l'échec de l'école. Pour eux, parce que je m'appelais Bougrab, j'aurais dû, au mieux, passer un BEP sanitaire et social au lycée des Charmilles. Et j'aurais pu m'estimer heureuse si j'étais devenue aide-soignante à l'hôpital de Châteauroux. Mais pourquoi ne me voyaient-ils pas en médecin ? Après tout, j'étais toujours dans les premiers de la classe. Je me souviens également de ce professeur de biologie qui m'avait suggéré d'être infirmière plutôt que médecin. Les professeurs censurent souvent (que cela soit conscient ou non) les enfants d'ouvriers. Cela fait plus de vingt ans que j'ai passé mon baccalauréat et ce désamour perdure.

Parmi mes nombreux défauts, j'aime le rap. J'étais d'ailleurs le seul membre du gouvernement de Nicolas Sarkozy à connaître tous les artistes de la scène urbaine française : la Fouine, Sexion d'assaut, Colonel Reyel... J'ai même produit deux grands concerts gratuits avec M6. Je me suis amusée comme une petite fille.

Lorsqu'on écoute les paroles de leurs chansons, on est surpris de voir les blessures provoquées par les mots maladroits prononcés par les enseignants. Prenons seulement les paroles du morceau qui a révélé le groupe Sexion d'assaut, intitulé *Désolé* : « J'ai préféré partir et m'isoler. Maman comment te dire, je suis désolé. La conseillère m'a clairement négligé. Et moi comme un tebé j'ai dit OK. Et tous les jours je pense à arrêter. Les gens veulent faire de moi une entité. J'vais tout plaquer, je ne suis qu'un homme. J'vais finir par clamser... Désolé aux profs de maths, d'anglais et d'français. Vous inquiétez pas mon père m'a bien défoncé. »

Vous pouvez penser que ce groupe aurait dû, justement, passer plus de temps à l'école, et trouver ces paroles stupides. Je reconnais que ce n'est pas du Shakespeare, mais ce morceau a été vu et écouté près de 27 millions de fois sur le seul site YouTube. Ces mots révèlent les maux d'une certaine jeunesse. Dans une étude sérieuse dirigée par le professeur et directeur de recherches à Sciences Po, Gilles Kepel, pour le compte de l'Institut Montaigne, un sondage a été réalisé auprès des jeunes de Clichy-Montfermeil. Gilles Kepel souligne le ressentiment des jeunes à l'égard de l'école à cause des dysfonctionnements qui les empêchent de gravir l'échelle sociale. Au sein de l'établissement scolaire, la figure la plus haïe est celle du conseiller d'orientation. Les jeunes détestent l'école bien avant la police. Certains décrochent du système scolaire dès l'école primaire. Et cet abandon s'accompagne d'un phénomène nouveau : l'augmentation des grossesses précoces chez les jeunes filles. Comme si ces enfants issues de milieux défavorisés se réfugiaient dans la maternité pour trouver un statut social que la société leur refuse en les ignorant. L'absence d'éducation à la sexualité est également l'une des causes de ce phénomène de mode. *Aurélie* est le titre de la dernière chanson du Colonel Reyel, hit de l'été 2012, vu plus de 22 millions de fois sur Internet. Adoré des jeunes, ce chanteur de RnB y raconte l'histoire d'une jeune fille de 16 ans qui attend un enfant et qui refuse l'avortement malgré les conseils de ses parents et de ses amis. Elle se sent prête pour qu'on l'appelle maman. Rejetée par ceux qui auraient dû la soutenir, elle est idéalisée par Colonel, qui a ainsi signé une ode à toutes les filles mères. Sur les écrans aussi ce fait social fascine : la série télévisée *Clem* a réuni plus de 9 millions de téléspectateurs, et *Juno*, un film américain mettant en scène une adolescente tombée enceinte par accident qui part à la recherche de la famille adoptive idéale pour l'enfant qu'elle va mettre au monde, a reçu l'Oscar du meilleur scénario original. Plus récemment, *17 filles*, un film français, fut présenté à Cannes. Son histoire est inspirée d'un fait réel qui se passa aux États-Unis en 2008, où plusieurs adolescentes d'un même lycée décidèrent de faire un pacte : tomber enceinte en même temps. Je pourrais encore citer le dernier livre de Vanessa Schneider, *Le Pacte des vierges*.

Dans beaucoup de familles la sexualité est un tabou, et dans certains foyers on considère même que les jeunes filles doivent rester vierges jusqu'au mariage. On assiste ainsi à une augmentation des reconstitutions de l'hymen pour éviter ce qu'ils appellent « le déshonneur de la famille ». On croyait ces pratiques d'un autre temps, elles sont pourtant là. Des charlatans n'hésitent pas à massacrer ces jeunes filles tout en leur soutirant plusieurs milliers d'euros. Des crimes d'honneur existent aussi en France. Comment voulez-vous que ces jeunes filles parlent en confiance de sexualité avec leur entourage ? Elles devraient avoir la vie devant elles, faire des études, avoir un emploi pour être autonomes et choisir en toute conscience le moment opportun pour réaliser leur désir. Des référents adultes doivent être identifiés pour ces jeunes afin de prévenir le risque de grossesse précoce et de leur permettre d'aborder un sujet encore considéré comme tabou par notre société : la sexualité des adolescents. De même, la gratuité et l'anonymat des pilules doivent être les principes à suivre pour que les jeunes filles puissent accéder à un mode de contraception en toute sécurité [1].

---

1. Israël Nisand, Brigitte Letombe, Sophie Marinopoulos, *Et si on parlait de sexe à nos ados ?*, Odile Jacob, 2012.

Néanmoins, le problème majeur qui affecte aujourd'hui l'école reste, à mes yeux, le différentialisme (social et ethnique) que certains professeurs pratiquent face aux élèves. Quand vos professeurs vous rappellent de manière humiliante que vos parents ne sont pas français, qu'ils sont pauvres, qu'un CAP serait la voie la plus sûre pour vous, c'est de la bêtise, empreinte de méchanceté. Parfois, je doute de leur capacité à enseigner l'éducation civique, eux qui participent à la désintégration de la France.

Heureusement, ma scolarité a aussi été marquée par de belles rencontres. Au lycée Jean-Giraudoux (du nom d'un homme qui naquit, comme moi, dans une famille pauvre du Limousin, heureux hasard) à Châteauroux, madame Buisson a été mon professeur de physique en 1re S. Alors qu'elle n'était plus mon enseignante, en terminale, je me rendais chez elle tous les mercredis après-midi pour prendre des cours particuliers qu'elle me donnait gratuitement. Madame Masson, mon professeur de mathématiques, petite dame toujours en manches courtes, même l'hiver, se dopant à la vitamine C à croquer, a, quant à elle, eu un geste que je n'oublierai jamais. Un matin, elle est venue chez moi, chemin des Battes à Déols, m'apporter des livres de mathématiques. Je revois encore son grand sac de plastique blanc rempli d'ouvrages, posé contre le mur de la maison de mes parents. Vous allez penser que j'exagère. Mais, pour moi, c'était Noël. J'exultais de joie. Ces livres offerts par les éditeurs à mon professeur ont fait le bonheur d'une élève. J'ai été, pendant quelques années, professeur de droit à la Sorbonne, et si je me suis autant dévouée pour mes étudiants, c'est en souvenir de ces femmes qui, peut-être sans le savoir, m'ont permis d'être là où j'en suis aujourd'hui. Enfin, le dernier souvenir du lycée qui me revient à l'esprit est celui de mon professeur de philosophie, Max Viratelle, dont j'étais folle amoureuse, comme beaucoup d'autres élèves. Lorsque je suis arrivée en seconde au lycée, j'avais demandé à pouvoir assister au cours de philosophie en auditeur libre. Il y avait deux professeurs de philosophie à Jean-Gi, Caumette et Viratelle. Le premier m'a opposé une magnifique fin de non-recevoir avec mépris, tandis que le second a accepté. J'avais besoin de trouver des réponses à la violence des situations que nous connaissions avec ma famille. Je pensais trouver des éléments de réponse dans l'enseignement philosophique. Ces modestes cours m'ont permis d'être plus en paix avec moi-même.

Madame Buisson, madame Masson ou Max Viratelle furent les héritiers des hussards noirs de la Troisième République, ces instituteurs en blouse sombre qui permettaient à des enfants de paysans d'accéder au certificat d'études et de franchir les obstacles des concours les plus prestigieux. En ce sens, l'école a répondu à son objectif d'égalité, en permettant à des enfants d'origine sociale modeste, ou issus de minorités visibles, de réussir. Mais aujourd'hui c'est l'hécatombe, l'apocalypse et le désastre.

J'ai lu pour la première fois *Les Héritiers*, de Bourdieu en prenant le bus 27, rue Gay-Lussac, pour aller au Conseil d'État. Je me suis installée tranquillement au fond en espérant que personne ne vienne s'asseoir près de moi. En commençant cet essai qui me paraissait dépassé parce qu'il avait été publié quarante ans plus tôt, en 1968, je me suis effondrée. La situation décrite par Bourdieu était la même que celle que je pouvais constater autour de moi. À croire que rien n'avait changé malgré un système de redistribution coûteux plombant les finances de l'État ! Il m'aura fallu des années pour me rendre compte de quelque chose que Bourdieu et Passeron dénonçaient déjà à la fin des années 1960. Ils rapportaient ainsi comment « la cécité aux inégalités sociales condamne et autorise à expliquer toutes les inégalités, particulièrement en matière de réussite scolaire, comme inégalités naturelles, inégalités de dons [1] ». L'OCDE, dans ses études PISA (Programme international pour le suivi des acquis des élèves), dénonce le système scolaire français qui démultiplierait les inégalités sociales. Ma propre expérience dément ce constat. J'ai un doctorat. J'ai fait des études supérieures et obtenu de très bons résultats tout en occupant des petits jobs. L'État a financé mon doctorat par une allocation de recherche et m'a donné un poste de monitrice pour m'initier à la carrière d'enseignant du supérieur. Le système, à ce niveau d'étude, a bien été méritocratique. L'allocation ne m'a pas été attribuée en raison de mes origines sociales, mais parce que j'ai été major de mon diplôme d'études approfondies, mon DEA. Seuls les critères universitaires ont été pris en compte. En même temps, j'étais la seule enfant d'ouvriers, immigrés de surcroît. C'est d'ailleurs à Paris que j'ai pris conscience des écarts de richesses existant entre les différentes catégories de la population. Enfant, je ne percevais pas vraiment la pauvreté. À la faculté, des étudiants doctorants

---

1. Pierre Bourdieu et Jean-Claude Passeron, *Les Héritiers, les étudiants et la culture*, Les Éditions de Minuit, 1964, p. 103.

dépensaient leur allocation de recherche pour partir en vacances au Club Med – chose impensable pour moi ! De mon côté, j'étais une petite souris qui économisait « le sou à côté le sou », comme disait ma mère. Mon allocation n'était pas mon argent de poche. Elle me permettait de payer mon loyer et de manger. Je ne partais jamais en vacances.

Pendant toutes mes études, j'ai survécu. Je ne connaissais pas la légèreté que toute étudiante devrait avoir à 20 ans. La peur d'échouer me hantait... Je savais que je n'avais pas de filet de sécurité. Si je ne réussissais pas, c'était l'ANPE sans passer par la case ASSEDIC. Et après, comment faire pour le loyer, la nourriture ? Comment continuer à aider financièrement mes parents ?

La fin de mes études a été un soulagement. J'ai été très émue le jour de la soutenance de ma thèse de doctorat à la Sorbonne. Seuls mes amis étaient présents, je n'avais pas osé inviter mes parents. J'avais peur qu'ils aient honte de moi si ma soutenance se passait mal.

Les années qui suivirent – lorsque je suis devenue maître de conférences puis maître des requêtes – me donnèrent un sentiment d'achèvement, l'impression d'être arrivée au bout de quelque chose. Tous les matins, j'entrais dans la cour du 12 place du Panthéon pour aller donner mes cours. Je m'arrêtais toujours quelques instants pour lire la devise française inscrite sur le fronton du bâtiment : *Liberté, égalité, fraternité.*

Mon parcours est malheureusement peu représentatif de la situation des enfants d'ouvriers. On le voit bien lorsqu'on examine l'histoire des enfants des familles modestes, des employés, des ouvriers : la discrimination sociale commence très tôt, dès l'école primaire, et se poursuit tout au long de la scolarité. Le rapport du Conseil de l'emploi, des revenus et de la cohésion sociale, présidé par Jacques Delors, publié en 2004, observait déjà que l'échec scolaire touche particulièrement les enfants des familles à bas revenus. Le constat est alarmant. Il y aurait plus de 2 millions d'enfants pauvres en France. Selon les projections, ils n'ont aucune chance de s'en sortir. 32,5 % des enfants d'ouvriers non qualifiés entrent au collège en ayant redoublé une classe à l'école primaire, contre seulement 5 % d'enfants de cadres ou d'enseignants.

Le retard scolaire à l'entrée en sixième est très nettement concentré sur les enfants à bas niveau de vie. Les choses étaient donc écrites pour mes frères et ma sœur. Tous les trois sont entrés au collège avec une ou deux années de retard. Pouvaient-ils échapper au déterminisme social ? Pouvaient-ils se sortir de ses griffes ? Je me pose la question... Mes parents ont tenté de combattre cet état, de rattraper les choses, en nous inscrivant à l'étude après l'école, en mettant mon frère et ma sœur dans des établissements privés catholiques (au collège Léon-XIII et au lycée Sainte-Solange de Châteauroux), car l'école publique les avait laissés sur le bord de la route. Tous ces efforts pour rien ?

Les défaillances de l'école primaire pour ces enfants engendrent des conséquences qui se propagent à tous les stades de l'enseignement. Les problèmes du collège, du lycée, des universités, des grandes écoles y trouvent leur source. La faiblesse de l'ouverture sociale des grandes écoles est déterminée par ce premier degré de l'enseignement.

Les grandes écoles, institutions spécifiquement françaises, que personne ne nous a copiées, sont le vivier des élites de la nation. Elles devraient être le produit de la pure méritocratie républicaine. Il n'en est rien. Elles témoignent d'un système qui a montré ses limites. Elles reproduisent des élites sociales et aggravent les inégalités. Une étude dirigée par MM. Claude Thélot et Michel Euriat – ciblée sur quatre grandes écoles, Polytechnique, l'École normale supérieure, HEC et l'ENA – montre une régression dans le recrutement social de l'élite républicaine. En effet, alors que 29 % des élèves de ces écoles étaient d'origine populaire au début des années 1950, ils ne sont plus que 9 % quarante ans plus tard. Seulement 6 % des élèves de classes préparatoires sont des enfants d'ouvriers. À l'ENA, seuls 12 % des reçus sont issus des catégories populaires, alors qu'ils représentent plus de la moitié de la population active. Un homme, Richard Descoings, avait décidé de briser les tabous en modifiant les conditions d'entrée dans une grande école, Sciences Po Paris, pour permettre à des jeunes des quartiers sensibles d'accéder à l'Institut de la rue Saint-Guillaume. Dénonçant le principe de la discrimination positive, beaucoup se sont indignés d'une telle chose. Pour ou contre ? Là n'est pas la question. Il a osé ce que personne n'avait jamais envisagé. Il a eu l'audace de penser un nouveau système pour aider des enfants qui n'avaient pas beaucoup de chance. Avec ce big-bang éducatif il a voulu rompre le cycle de l'échec. Cet homme était génial. Pour autant, je reconnais les limites du système. En premier lieu, seule une petite centaine d'élèves sont concernés. Ensuite, le mode de recrutement n'est pas toujours juste et équitable ; ayant moi-même fait partie des jurys de sélection, j'ai pu voir aussi bien de véritables pépites que des catastrophes scolaires parvenir à intégrer l'école. Je me souviens d'un jury où s'était présenté devant nous un jeune homme qui avait obtenu le baccalauréat ric-rac et dont le dossier disciplinaire aurait fait pâlir de nombreux bandits (injures aux enseignants, renvois…). Il a été reçu. Nadia Marik, une grande femme à la longue chevelure blonde, toujours pleine d'énergie, me disait que ce garçon était formidable. J'en doutais. Elle me répondit : « Ce gamin est un incompris. » C'était certain. Il avait tout sauf l'air d'un garçon sain et équilibré. Il me faisait même un peu peur. Or il a été recruté, tandis qu'une jeune fille qui avait eu son bac avec mention bien ne l'a pas été car son profil était trop « lisse » selon les membres du jury. J'ai arrêté de faire partie des jurys après avoir demandé à ses membres quel message ils pensaient que nous envoyions aux élèves de ces établissements si nous refusions les élèves modèles au profit des plus perturbateurs.

Le travail devenait discriminant, les besogneux étaient rejetés. La condescendance est l'une des choses les plus insupportables à mes yeux.

Le séparatisme social n'est pas l'apanage des grandes écoles, il existe aussi au sein des filières universitaires, même si le système y est moins injuste. Lorsque l'on fait un choix juste de sa filière à l'Université, on peut réussir quelle que soit son origine sociale. La raison de l'échec à l'Université pour beaucoup d'enfants de familles modestes est la mauvaise orientation : sociologie, psychologie, STAPS... La véritable pauvreté pour les familles, c'est le manque d'informations, surtout en matière d'orientation. Jacques Attali, dans un rapport publié par la Documentation française, parle de « délit d'initié » en évoquant « ceux qui bénéficient dès l'enfance d'un soutien et d'une information privilégiés sur les avenues et impasses du labyrinthe éducatif ». Pire, il estime qu'on « pourrait sans doute établir que la majorité des élèves des plus grandes écoles françaises ont commencé leur scolarité dans une ou deux centaines de classes maternelles [1] ». La bonne connaissance du système explique la réussite des enfants d'enseignants. Les parcours sont différenciés par les origines sociales. Les élèves sont répartis en fonction d'options facultatives qui se révèlent stratégiques par la suite : allemand, latin. Pour ma part, j'avais bien choisi allemand au collège

---

1. Jacques Attali, *Pour un modèle européen d'enseignement supérieur*, La Documentation française, 1998.

Romain-Rolland, à Déols, mais je me suis retrouvée dans une classe hispanique – allez savoir pourquoi. Ensuite, au lycée, les classes scientifiques regroupent les meilleurs élèves. Quand on est mauvais, on vous envoie en STT, puis en L ou en ES. La hiérarchie des classes instaurée au lycée détermine toute la suite des études.

Le système scolaire laisse ainsi un trop grand nombre de jeunes gens sur le bord de la route. Plus de 250 000 jeunes âgés de 16 et 18 ans sont sortis du système scolaire sans aucun diplôme en 2011. Les difficultés se sont accrues avec la ségrégation urbaine. Celle-ci entraîne une ségrégation scolaire. À défaut de réussir à changer les choses, je crois que j'ai compris le processus souterrain de sélection des élites. Lorsque j'ai acheté mon appartement, je l'ai notamment choisi parce qu'il était sectorisé Henri-IV – entre Normale sup et la Sorbonne en passant par Jussieu. Je n'étais alors pas mariée et n'avais pas d'enfants. Mais j'en voulais et je voulais pouvoir permettre à mon enfant d'aller dans le meilleur établissement possible. J'ai conscience que lorsqu'on suit sa scolarité en ZEP les chances d'accéder aux études supérieures s'affaiblissent, même si on a démocratisé l'accès à l'Université. Les enfants d'ouvriers et d'employés y sont trois fois moins nombreux que les enfants d'enseignants ou de cadres.

Quel échec ! Bourdieu évoque la notion de « mortalité scolaire », que je trouve très juste. Quand on regarde les trajectoires de ces enfants entre les études primaires et les études supérieures, l'hécatombe est stupéfiante. Les pertes sont impressionnantes, et ce sont les enfants de familles pauvres qui sont les plus touchés. On ne compte plus le nombre de rapports illustrant ce propos devenu banal. Les enquêtes PISA organisées par l'Organisation pour la coopération et le développement économique (OCDE) tous les trois ans auprès de jeunes âgés de 15 ans des 34 pays membres de l'organisation pour mesurer la performance des systèmes scolaires en sont un exemple.

Dans un article au titre presque provocateur, des statisticiens ont osé poser la question suivante : « L'école réduit-elle les inégalités sociales ?[1] » Ce qui était autrefois une évidence ne l'est plus. Chaque année 4 écoliers sur 10, environ 300 000 élèves, sortent du CM2 avec de grandes lacunes, et 100 000 d'entre eux ont des acquis fragiles et insuffisants en lecture, écriture

---

1. « L'école réduit-elle les inégalités sociales ? », *Éducation et formations*, n° 66, juillet-décembre 2003.

et calcul. Ces chiffres alarmants correspondent au nombre de décrocheurs, ces jeunes qui sortent du système scolaire sans aucun diplôme. Il faudrait que l'Éducation nationale commence à reconnaître son échec car un système qui exclut plus de 250 000 jeunes chaque année ne peut plus se targuer d'être un modèle de réussite. Il suffit de regarder autour de soi pour s'en rendre compte. Quand j'observe ma propre famille, en comptant également mes cousins et cousines, je suis la seule sur une trentaine d'individus à avoir fait des études supérieures. Qu'est-ce qui fait que j'ai pu réussir mes études et renverser les déterminismes sociaux ? Le hasard, ou la volonté ? Souvent, la question m'est posée. Je la trouve embarrassante, car cela me rappelle ma situation marginale au sein de ma famille. L'instruction, les études, m'ont éloignée de mon milieu d'origine. Je suis devenue une étrangère parmi les miens. D'ailleurs, ma mère est convaincue que j'ai raté ma vie. Il faut dire que je ne suis pas mariée, et que j'ai adopté seule ma fille. À la question, « qu'est-ce qu'une vie réussie ? », je crains que ma mère ne réponde : « Pas celle de ma fille en tout cas ! » Je suis un « golem », comme le monstre de cette légende hébraïque.

L'école élémentaire symbolise le mieux notre modèle républicain. On y acquiert les principes et les valeurs qui fondent notre République laïque : liberté, égalité, fraternité. Les instituteurs furent en leur temps l'incarnation de l'excellence de ce modèle où se côtoyaient les fils de paysans et les fils de médecins. Sans idéaliser le passé, cet esprit qui, hélas, se perd, doit inspirer notre école aujourd'hui, une école transcendant tous les communautarismes pour incarner l'idée d'une nation une et indivisible.

C'est sur les bancs de cette école que les fondamentaux sont acquis : la lecture et le calcul. Ils détermineront plus tard le succès ou non dans les études. La réussite d'un enfant pour le reste de sa scolarité dépend de l'école primaire, voire de l'école maternelle. Nous devons donc pouvoir identifier les enfants en difficulté. Pourtant, au cours des quarante dernières années, nous avons collectivement négligé ce qui aurait dû être au cœur de la réforme éducative.

Le prix de cet abandon est élevé. Le désarroi des banlieues et l'échec des ZEP l'illustrent. Les jeunes ne croient plus en la réussite par l'école. L'ascenseur social est en panne.

Sans nul doute, comme l'affirme l'Institut Montaigne, think tank créé par Claude Bébéar, « l'école primaire est le maillon faible du système éducatif ». Une réforme sans précédent devrait être engagée. Elle doit être la priorité absolue de toute politique en matière d'éducation, car, comme l'écrit Danièle Sallenave, nouveau membre de l'Académie française au fauteuil de Maurice Druon, « la France se suicide » sans cela.

Pour réaliser cette véritable révolution copernicienne, la constitution d'un ministère indépendant et autonome de l'École, distinct de la structure titanesque du 110 rue de Grenelle, est un préalable nécessaire. Car la tentation est grande, pour tout ministre, au nom de la fongibilité des crédits, de transférer les moyens humains ou matériels de l'école primaire vers le lycée. C'est souvent ce que l'on constate du fait de la pression syndicale plus forte dans le second degré que dans le premier. La sanctuarisation des moyens impliquant une réelle indépendance budgétaire est la condition *sine qua non* de la réussite d'une réforme ambitieuse. La Cour des comptes elle-même relevait dernièrement qu'« il n'est pas normal que la France soit un des pays développés où l'on consacre le moins de moyens à l'enseignement primaire par rapport au lycée ». Autrefois il existait deux directions administratives au sein de l'Éducation nationale, l'une pour l'enseignement primaire, l'autre pour le secondaire. L'école avait donc sa propre direction qui la défendait dans les discussions budgétaires. Aujourd'hui, ces dernières ont été réunies en une seule. Cela n'a pas été sans conséquence en terme des moyens.

Les autres voies de réforme sont connues. La généralisation des internats d'excellence créés en 2008 dans le cadre du plan Espoir Banlieues, dont certains concernent aussi les enfants du primaire, en est une. Les internats d'excellence ont été créés à l'initiative de Nicolas Sarkozy, après la mort du jeune Sidi Ahmed, âgé de 11 ans, en juin 2005. Celui-ci fut tué par une balle perdue lors d'une fusillade entre deux bandes rivales alors qu'il lavait, pour la fête des Pères, la voiture de son père en bas d'un HLM de la cité des 4000. Tout le monde a retenu les propos polémiques du ministre de l'Intérieur lors de sa visite : « nettoyer au Kärcher » les cités. Mais on a tous oublié qu'il était venu présenter ses condoléances à la famille de l'enfant, et qu'à cette occasion il avait été marqué par les frères et sœurs de Sidi Ahmed qui ne disposaient pas de bureaux pour faire leurs devoirs. Il avait alors déclaré que l'on devait permettre à de bons élèves de sortir des quartiers en leur offrant un cadre adapté pour leurs études, et avait pris l'initiative de créer les internats d'excellence. Cette idée n'a pas été soutenue par le ministère de l'Éducation nationale. Elle fut dès lors portée par le ministère de la Ville. Et, quand des crédits du Grand Emprunt ont été octroyés pour le programme, l'Éducation nationale a souhaité récupérer le projet. Le cynisme de l'argent.

Pendant la campagne présidentielle de 2012, le 29 février, j'ai accompagné Nicolas Sarkozy à Montpellier pour visiter l'un de ces établissements. Un enfant d'une classe de CM2 l'a interpellé pour lui demander pourquoi il avait créé ces internats. Nicolas Sarkozy lui raconta l'histoire du petit Sidi Ahmed. Ce garçonnet demanda alors au Président de remercier Sidi Ahmed. La vérité sort de la bouche des enfants. La mort de Sidi Ahmed ne doit pas être oubliée : Sidi continue à vivre à travers ces internats d'excellence. Hélas, cette belle initiative risque de ne plus exister demain car elle est jugée trop coûteuse par l'actuelle majorité.

La formation des professeurs des écoles fait également partie des réformes nécessaires. Elle est certes délicate, mais elle doit être prioritaire. Les schémas de formation et de recrutement doivent être revus en envisageant, par exemple, une formation par alternance dès le master I. Un recrutement s'opérerait dès la fin de la licence, et le master se ferait par apprentissage, alternant entre enseignements théoriques et pratiques en classe pendant deux ans. De même, l'autonomie des établissements est nécessaire afin de prendre en compte la diversité des situations. Par exemple, on pourrait créer des conseils de soutien, comme le suggère Jean-Louis Borloo. Ces pistes passent également par la réorganisation des cycles entre école maternelle et école élémentaire, la mise en œuvre de nouvelles méthodes d'apprentissage, et surtout le retour à une année scolaire moins dense, comprenant moins de vacances. Le modèle finlandais, meilleur élève de l'OCDE en matière scolaire, appuie la volonté de repenser totalement les rythmes scolaires en alternant apprentissage des savoirs et activités sportives et culturelles. Le nombre d'élèves par classe doit diminuer pour mettre toutes les chances du côté des enfants. Mais toutes ces propositions ne peuvent être mises en œuvre que si le primaire a des moyens suffisants.

Ces réformes supposent également une volonté politique forte qui se heurtera nécessairement à un front de syndicats beaucoup plus attachés à préserver les privilèges de la vaste nébuleuse du complexe « pédago-syndical » qu'à se poser les bonnes questions quant à la réussite des enfants. Là réside le scandale caché de notre système éducatif : le statu quo entretient les inégalités, l'absence de changements radicaux empêche tout progrès vers une véritable égalité des chances, les blocages favorisent les « initiés » du système, à commencer, osons le dire, par les filles et les fils d'enseignants.

Parce que les enfants ont changé, parce que le métier d'enseignant a évolué, l'école doit faire sa révolution. Il en va de la survie de notre modèle républicain. À la fin de l'année 2012, la seule annonce concrète qui avait été faite par le nouveau ministre de l'Éducation nationale, Vincent Peillon, était de prolonger de deux jours les vacances de la Toussaint et de constituer un observatoire des violences à l'école. Mais le mal-être des enfants ne s'évalue pas seulement à l'aune des violences constatées, et il se fait de plus en plus sentir. Le suicide est la deuxième cause de mortalité des jeunes de 16-25 ans, juste après les accidents de la circulation. L'on commence tout juste à entrevoir la tragédie sombre qui se déroule sous nos yeux depuis déjà quelques années, le suicide des préadolescents, ces enfants de moins de 12 ans. Comment imaginer, comment concevoir, même commencer à penser cet homicide de soi de la part de petits âgés de seulement 7, 8 ou 9 ans ? Ces enfants ont, par définition, la vie devant eux. Et pourtant… ils décident de mettre fin à leurs jours, parfois même devant leurs camarades dans l'enceinte de leur établissement scolaire en se défenestrant, y compris dans des établissements très favorisés comme l'École alsacienne. Les journaux en ont fait leur une. Boris Cyrulnik, le célèbre neuropsychiatre, a réalisé une étude remarquable sur ce sujet en choisissant une approche pluridisciplinaire mêlant neurobiologie, biochimie, psychologie, sociologie et d'autres disciplines [1]. D'après celle-ci, les facteurs de fragilité se détermineraient très tôt, dès les dernières semaines de la grossesse. Ce problème doit également être pris en compte pour réformer notre école républicaine, tout comme l'abandon de l'école par certains enfants dès le primaire. C'est l'un des tabous de l'Éducation nationale. La loi Ciotti du 28 septembre 2010, qui conditionne les prestations sociales à l'assiduité à l'école, constitue certes une avancée, mais elle doit être davantage appliquée. Certains établissements ne signalent pas les élèves venant par intermittence, car ce sont souvent des enfants à problèmes. Ils ne souhaitent pas leur retour parce qu'ils perturbent les classes. Cela doit être combattu. Or l'actuelle majorité a abrogé ce dispositif.

Enfin, si ces enfants parviennent jusqu'au collège, ils y sont souvent mal orientés et décrochent. Une partie de ces décrocheurs

---

[1]. Boris Cyrulnik, *Quand un enfant se donne « la mort »*, *Attachement et sociétés*, Odile Jacob, 2011, p. 160.

s'inscrit alors dans les missions locales où ils sont baladés de stage en stage. Les établissements de réinsertion scolaire ne permettent d'accueillir que 160 enfants en grande difficulté. Ce n'est, hélas, qu'une goutte d'eau dans l'océan lorsqu'on sait qu'il y a plus de 12,5 millions d'enfants scolarisés en France.

L'apprentissage serait une opportunité pour ces jeunes, à condition de trouver des entreprises prêtes à les accueillir. Mais rares sont celles qui veulent bien d'eux. Les missions locales, coupées des entreprises, ne leur proposent rien. À Grenoble, plus de 200 jeunes de moins de 16 ans sont inscrits dans ces missions, tandis que les 16/18 ans, sans formation, sont envoyés dans l'hôtellerie qu'ils abandonnent généralement rapidement. Les centres de formation des apprentis (CFA) de ce département sont saturés ; aucun dispositif de mobilité n'existe pour leur permettre de trouver une place dans un autre département. Résultat : ils restent dans les quartiers, à « tenir les murs ». En Seine-Saint-Denis, plus de 32 000 jeunes sont inscrits dans les missions locales ; à Marseille intra-muros ils sont 20 000.

Il faut ouvrir des internats auprès des CFA, impliquer davantage les régions, et contraindre les établissements à trouver une entreprise à chaque jeune. Des banques de stage doivent être créées sans attendre. De même, un effort considérable doit être fait en direction des diplômés qui n'ont ni un emploi ni le réseau nécessaire pour décrocher ne serait-ce qu'un stage non rémunéré. Les premières scènes du film *Neuilly sa mère !*, écrit avec beaucoup d'humour par Djamel Bensalah, décrivent bien cette situation. Le film relate la vie d'un adolescent de 14 ans, Sami Bendoudaoud, vivant à Chalon dans le 71, dans la cité Maurice-Ravel. Une réplique résume cette violente réalité : « Les diplômes, chez nous, ça sert souvent à rien d'autre qu'à faire plaisir à la famille. » Le film illustre également cette phrase par trois personnages, Habib, un bac + 4 en mathématiques devenu vigile de la supérette, Mouss, bac + 5 en informatique, qui se retrouve éboueur, et Nourdine, bac − 6, qui roule en BMW et deale de la drogue. Les diplômés doivent être l'une des priorités actuelles car, s'ils demeurent au chômage, le message envoyé aux plus petits est dévastateur. Il leur signifie que les études ne servent à rien puisque les élèves qui réussissent finissent par faire la même chose que ceux qui n'ont pas fait d'études, « tenir les murs ». Cette expression, utilisée par les jeunes, décrit parfaitement la situation de ces garçons sans emploi qui attendent au pied des HLM que la société se souvienne d'eux.

Il est donc urgent de retrouver l'esprit du marquis de Condorcet qui, dans sa présentation du projet de décret relatif à l'organisation générale de l'instruction publique du 20 avril 1792, déclara : « Nous n'avons pas voulu qu'un seul homme dans l'Empire pût dire désormais : la loi m'assurait une entière égalité de droits, mais on me refuse les moyens de les connaître. Je ne dois dépendre que de la loi, mais mon ignorance me rend dépendant de tout ce qui m'entoure. » L'école doit permettre à chacun de s'élever. C'est ça l'égalité.

*L'engagement militaire ;
creuset de la citoyenneté*

Quand Henri Guaino écrivait les discours de Nicolas Sarkozy, il s'inspirait de Charles Péguy et de l'un de ses essais, *Notre patrie*, pour donner plus de profondeur à la notion de patrie française. La plume du président de la République pouvait même parfois se référer à ce jeune académicien, Max Gallo, écrivain boulimique qui, dans l'un de ses ouvrages, *Fier d'être français*, donna une réponse courageuse, bien que maladroite à certains endroits, à ceux qui dénigraient la France.

Quand on veut parler de la France avec éloquence, la facilité est de faire appel aux grands hommes politiques de la Troisième République, qui ont transcendé l'histoire française. Georges Clemenceau en est un. Au cours de la Première Guerre mondiale, le Tigre a su restaurer la confiance et la fierté de la France en vainquant l'ennemi allemand et en réhabilitant la pleine souveraineté sur tout le territoire. Charles de Gaulle vient évidemment à l'esprit. Il incarne à lui seul une idée de la France. Toutes ces références sont pourtant d'un très grand conformisme.

L'amour de la patrie a pu être loué par d'autres, venus d'ailleurs. *Mon pays, la France*, ode à la France, a été écrit par le Bachaga Boualam, ancien vice-président de l'Assemblée nationale, de confession musulmane, qui y siégea de 1958 à 1962. Pour l'anecdote, il venait au Palais-Bourbon en costume traditionnel de chef arabe. Imaginez la tête des huissiers de l'Assemblée nationale si un tel événement se produisait aujourd'hui.

D'après moi, ceux qui ont su témoigner leur amour de la patrie, de la France, en allant jusqu'au sacrifice suprême de leur vie, sont souvent des étrangers oubliés de l'histoire. Écrire ce court texte est une manière de leur rendre hommage, en particulier à mon père, ce harki qui a su transmettre à ses propres enfants l'amour de la patrie et des valeurs véhiculées par la France. C'est aussi une manière de répondre à tous ceux qui soupçonnent les personnes nées de parents étrangers, qui les obligent à justifier leur francité et les traitent comme des citoyens en sursis. Or, souvent, ces enfants d'immigrés sont plus attachés aux valeurs républicaines que les Français de souche.

Certains diront que le gouvernement auquel j'ai appartenu a entretenu un grand sentiment de suspicion à l'égard des immigrés. Il n'en est rien. La nomination de Rachida Dati comme garde des Sceaux fut un symbole fort et me semble en être une preuve suffisante. Nicolas Sarkozy a nommé d'autres ministres issus de la diversité, comme Rama Yade, qui n'existeraient pas sans l'homme trop pressé de Neuilly. Je le reconnais, des mots blessants ont pu être prononcés, mais le nouveau gouvernement de Jean-Marc Ayrault s'est également rendu coupable de maladresses et de gestes déplacés à l'endroit des Roms.

Le jour où j'ai commencé l'écriture de ce chapitre, j'ai appris que mon père avait un cancer. J'étais effondrée et me disais « la vie est une salope ou une pute », sans savoir qui choisir. Jacques Dutronc complétait cette formule hautement philosophique en disant « et il faut avoir les moyens de se l'offrir ».

Cette période, que vous pouvez imaginer difficile pour ma famille, a été *in fine* bénéfique car elle m'a fait prendre conscience que mes idéaux naïfs voire pathétiques, qui m'animent et me conduisent parfois à brûler tous mes vaisseaux, n'étaient pas des concepts abstraits. Ils existaient et s'incarnaient à travers un homme : mon père. Celui-ci symbolise l'idéal républicain auquel je suis viscéralement attachée. Dans mon esprit, cet essai ne porte pas tant sur un modèle idéalisé d'une République laïque que sur mon père qui m'en a transmis les principes et les valeurs. Ce chibani incarne à merveille cette République que je chéris tant. La maladie de mon père m'a fait prendre conscience que je risquais de perdre l'humanité qu'il m'avait transmise s'il devait mourir. Je ne suis pas Marcel Pagnol, mais ce livre est aussi un hommage que je souhaitais rendre à mon père.

Né en Algérie, près de Médéa, élevé durement par un père divorcé, ce jeune garçon battu dont la famille fut égorgée par le FLN s'est engagé dans l'armée française pour défendre une idée de la justice. Mais cet homme fut trahi et abandonné par la France après les accords d'Évian de mars 1962, lors de son arrivée au pays des droits de l'homme. Sur cette terre inconnue il a alors enduré la vie d'un travailleur immigré, la dureté du travail ouvrier à Châteauroux, et le racisme au quotidien… Voici la vie résumée en pointillés de ce héros ordinaire, mon père. A-t-il jamais été heureux ? Je ne saurais répondre. Quand la maladie l'a frappé, j'ai cru qu'il avait baissé les bras et qu'il ne voulait plus subir le calvaire de cette existence terrestre. Je me suis dit que la mort serait pour lui une délivrance. Son corps l'abandonnait. Mais je savais au plus profond de moi qu'il était plus fort que ce mal qui lui rongeait les tripes. J'ai donc décidé de ne rien lui dire de sa maladie. Il ne parle pas très bien français, et, pour ne rien arranger, il est sourd, séquelle d'un travail pénible dans une usine où la protection des salariés n'était pas à la mode. J'ai pu inventer une histoire pour ne pas l'inquiéter. Le seul fait de prononcer le mot « cancer » provoque des cataclysmes dans les esprits des femmes et des hommes touchés par ce fléau. Étant convaincue que le mental est la clé de la guérison, j'ai menti à mon père. Chaque jour à l'hôpital, j'emmenais ma nièce, Louise, âgée d'à peine 2 ans, pour lui montrer qu'il avait encore au moins une bonne raison de défier la vie. Il ne m'a pas déçue. Il est toujours là.

Cet être à part d'une force incroyable, hors du commun, rongé par les ombres de son passé, notamment de la guerre d'Algérie, ne s'est jamais plaint. Pourtant des raisons il en avait. Mon impuissance à le rendre heureux ou à le soulager me torture.

Chaque soir, il partait avec sa besace travailler dans une fonderie Schlumberger où il a failli perdre la vie suite à un accident de travail très grave. Tout était ritualisé. Ma mère préparait un casse-croûte avec du fromage ou du corned-beef, elle mettait des pommes ou des bananes et deux bouteilles de bière qu'elle entourait de papier journal pour éviter qu'elles ne se brisent dans son sac. Chaque jour que Dieu faisait, mon père allait travailler, même malade. Je l'ai vu partir fiévreux, la sueur au front, boitant, rongé par l'arthrose. Une telle figure vous inspire nécessairement. Je n'en suis qu'une pâle copie.

Mon père est un très homme discret. Il était toujours silencieux, contrairement à ma mère qui parlait tout le temps de son enfance.

Quelquefois, pourtant, il se livrait. Avec mes frères et sœur, nous l'écoutions alors religieusement. Il nous racontait sa fierté d'avoir porté l'uniforme de l'armée française, de s'être battu pour son pays, la France. Il nous commentait des photos. Il nous a transmis l'amour de la patrie. Nous étions heureux de pouvoir avoir quelques fragments de son passé, de lui-même, même si c'était à travers la guerre d'Algérie.

Par filiation paternelle, je voue à la France, ce pays qui est le mien, une passion sans limites. Il n'est pas toujours de bon ton en société de dire qu'on aime son pays, et on entend encore trop souvent siffler dans nos stades de football notre hymne national, *La Marseillaise*. Je ne comprends pas ces joueurs de football chèrement rémunérés qui refusent de reprendre notre chant patriotique écrit par Rouget de Lisle dans la nuit du 25 au 26 avril 1792, au moment où l'empereur d'Autriche déclarait la guerre à la France. Une telle situation ne se verrait jamais aux États-Unis. Lorsqu'ils entendent les premières notes de leur hymne national issu d'un poème de Francis Scott Key, tous les Américains, quelle que soit leur origine, leur confession, leur couleur de peau posent leur main sur le cœur et chantent ensemble.

Je ne comprends pas les offenses faites à notre hymne national dans ces lieux populaires qui devraient nous permettre de nous unir autour de l'équipe de France, qui réunit des jeunes gens nés en métropole et outre-mer. Quelle image a-t-on donnée de la France, le jour du match France-Algérie ? N'est-ce pas autour de la coupe de football que le sentiment d'appartenance à une seule et même communauté est le plus visible de nos jours ? Or, aujourd'hui, les Français ne se retrouvent plus autour d'une idée commune mais autour d'intérêts particuliers ou corporatistes : les buralistes, les chauffeurs de taxis, les chercheurs, les restaurateurs... ils s'organisent en lobbies, et font pression sur les pouvoirs publics en menaçant de bloquer les rues s'ils n'obtiennent pas satisfaction. Le pire c'est que cela marche. Tous les gouvernements reculent.

L'armée a eu une place particulière dans la construction de mon identité. Elle en fut la pierre angulaire. Sans ce colonel de l'armée française sous lequel mon père combattait et qui n'a pas hésité à désobéir aux autorités gouvernementales pour le rapatrier, sans l'acte de bravoure de cet officier français, il aurait sans doute été tué par les forces algériennes, comme des milliers de harkis. En cette année 2012, furent célébrés les cinquante ans des accords d'Évian, accords scellant définitivement la fin de la guerre entamée quelques années plus tôt entre la France et l'Algérie. La paix était officiellement actée par leur signature, le 19 mars 1962. Toutes les familles métropolitaines qui avaient envoyé un fils ou un frère faire leur service militaire de deux années en Algérie pouvaient à nouveau respirer, dormir sereinement sans craindre la disparition d'un être cher. Par contre, pour ces soldats musulmans légitimistes, c'était le début de l'enfer. Désarmés sur ordre du général de Gaulle dans une décision signée par lui le 3 avril 1962, ils ont été massacrés dès le lendemain des accords d'Évian. Des milliers de soldats furent dépecés, éventrés, émasculés, ébouillantés, comme des morceaux de viande. Voilà le sort que l'on réserva à ceux qui avaient servi la France. La vengeance d'un peuple opprimé peut être pire que les sentences prononcées par leur ancien tyran.

C'est pourquoi j'ai été fière d'appartenir au gouvernement de Nicolas Sarkozy qui a reconnu, en tant que président de la République, la responsabilité de la France dans le désarmement et l'abandon des harkis qui ont été massacrés avec barbarie par les troupes algériennes dans l'indifférence du gouvernement français. Il aura fallu attendre 2012 et les cinquante ans des accords d'Évian pour que la France reconnaisse cette insoutenable vérité. Les gens oublient que c'est un gouvernement de la Cinquième République qui prit les décisions qui scellèrent définitivement la fin tragique de ces soldats. Notamment par le biais d'un télégramme de Pierre Messmer, ministre des Armées, datant du 12 mai 1962, qui disait : « Il me revient que plusieurs groupes d'anciens harkis seraient récemment arrivés en métropole – stop – Renseignements recoupés tendent à prouver que ces arrivées inopinées sont dues à des initiatives individuelles de certains officiers SAS – stop – De telles initiatives représentent infractions caractérisées aux instructions que je vous ai adressées – stop – Je vous prie d'effectuer sans délai enquête en vue de déterminer départ Algérie de ces groupes incontrôlés et sanctionner officiers qui pourraient en être à l'origine – stop. »

À ce premier télégramme succédera un second, signé cette fois par Louis Joxe, ministre d'État chargé des affaires algériennes, père de Pierre Joxe l'ancien ministre de François Mitterrand, transmis le 16 mai 1962 au haut commissaire Christian Fouchet. Il y écrivait : « Les renseignements qui me parviennent sur les rapatriements prématurés de supplétifs indiquent l'existence de véritables réseaux tissés sur l'Algérie et la métropole dont la partie algérienne a souvent pour origine un chef SAS... Vous voudrez bien faire rechercher tant dans l'armée que dans l'administration les promoteurs et les complices de ces entreprises et faire prendre les sanctions appropriées. Les supplétifs débarqués en métropole en dehors du plan général de rapatriement seront, en principe, renvoyés en Algérie où ils devront rejoindre avant qu'il soit statué sur leur destination définitive le personnel déjà regroupé selon les directives des 7 et 11 avril. Je n'ignore pas que ce renvoi peut être interprété par les propagandistes de la sédition comme un refus d'assurer l'avenir de ceux qui nous sont demeurés fidèles. Il conviendra donc d'éviter de donner la moindre publicité à cette mesure ; mais ce qu'il faut surtout obtenir, c'est que le gouvernement ne soit plus amené à prendre une telle décision [1]. »

J'ai bien conscience que ces ministres obéissaient à un homme, le général de Gaulle, dont les mots ne pouvaient pas être plus blessants à l'égard de ces soldats. Les mémoires d'Alain Peyrefitte nous rappellent l'inhumanité de l'homme de l'appel du 18 juin 1940. Relatant une discussion qui eut lieu lors du Conseil des ministres du 25 juillet 1962, il rapporte : « Pierre Messmer : Des harkis et des fonctionnaires musulmans, les moghaznis, se disent menacés. D'où des demandes qui viennent à la fois des autorités civiles et militaires. Il faut prendre une position de principe... De Gaulle : *On ne peut accepter de replier tous les musulmans qui viendraient à déclarer qu'ils ne s'entendront pas avec le gouvernement ! Le terme de rapatriés ne s'applique évidemment pas aux musulmans : ils ne retournent pas dans la terre de leurs pères !... Il faut les mettre en demeure ou de travailler ou de repartir.* Plusieurs collègues baissent

---

[1]. Reproduit *in* « Harkis 1962-2012, Les Mythes et les faits », *Les Temps modernes*, TM, 2012, pp. 9-10.

la tête[1]. » Il ne voulait pas qu'on le force à s'apitoyer sur le sort de ces hommes[2]. Même si une note de Georges Pompidou tenta de sauver l'honneur perdu du gouvernement en estimant « nécessaire le transfert en France des anciens supplétifs », il était déjà trop tard. Elle datait du 19 septembre 1962, alors qu'un rapport des Nations unies rendu le 13 mars 1962 évaluait déjà à 263 000 le nombre de musulmans profrançais en danger. Près de la moitié d'entre eux furent massacrés au lendemain des accords d'Évian. Comment un gouvernement républicain a-t-il pu commettre ces actes irréparables ? La raison d'État peut-elle tout justifier ? Toutes ces questions demeurent sans réponses.

De nombreuses voix se sont élevées pour dénoncer ce crime. Le livre du Bachaga Boualam se voulait être un cri d'alarme face à ce qui se passa au lendemain des accords d'Évian en Algérie lorsque des milliers de soldats musulmans qui s'étaient battus pour leur patrie, la France, et qui avaient été désarmés par les autorités françaises, ont été, ainsi que leurs familles, arrêtés, torturés, violés et massacrés.

---

1. Alain Peyrefitte, *C'était de Gaulle*, Fayard, 1994, p. 195.
2. *Idem*, p. 253.

Ces soldats d'Afrique illustrent à merveille ce que peut être le sacrifice pour sa patrie. Pourtant la France ne s'est pas montrée reconnaissante à l'égard de ses anciens soldats en les abandonnant à leur triste sort. Les rares survivants harkis d'Algérie ont été rapatriés en France et parqués dans des camps dont certains étaient d'anciens camps de concentration où les Juifs avaient été eux-mêmes parqués pendant la Seconde Guerre mondiale avant leur départ vers les camps d'extermination nazis. Bias en est un exemple. Les conditions de ces familles ont été décrites de manière poignante par Dalila Kerchouche dans son livre *Mon père, ce harki*[1].

Ces femmes et ces hommes ignorés, abandonnés et trahis, le sont encore aujourd'hui au nom d'intérêts économiques : ne pas se fâcher avec l'un de nos premiers fournisseurs en pétrole et en gaz, par exemple. Pourtant, ils ont conservé l'amour de la France. Ma famille, comme beaucoup de familles de harkis, avait mille raisons de renier la France, mais elle ne l'a jamais fait. Au contraire, mes parents nous ont expliqué, à mes frères, ma sœur et à moi, que notre pays c'est la France, et que notre langue maternelle c'est le français. Ils nous ont donné le goût du travail, de

---

[1]. Dalila Kerchouche, *Mon père, ce harki*, Seuil, 2003.

la littérature, de la culture, et l'amour de cette terre nouvelle où nous avons « fait souche », le Berry. Si certains ont des doutes sur leur identité, nous n'en avions aucun, car mon père s'est battu pour la France, et a reçu pour cela la médaille militaire et la Légion d'honneur à titre militaire. Mon petit frère, s'inscrivant dans cette tradition familiale, est lui-même devenu militaire professionnel. Il est prêt à donner sa vie pour la France. Il est allé sur les terrains d'opération les plus difficiles, comme au Kosovo ou en Côte-d'Ivoire dans le cadre de l'opération Licorne. Je reconnais qu'il est parfois difficile de se sentir français quand d'autres procèdent à votre égard à une réassignation communautaire. Pour beaucoup, nous sommes des beurs, des Arabes, des Maghrébins… Je n'ose citer le vocabulaire peu flatteur qu'ils utilisent parfois pour nous désigner : bougnouls, bicots, melons… À tel point que le mot Arabe m'a paru être pendant très longtemps connoté négativement, et sonnait comme une insulte à mon oreille.

Le geste que fit Nicolas Sarkozy en reconnaissant la responsabilité de la France dans l'abandon des harkis, il est vrai à quelques jours du premier tour de l'élection présidentielle, a pu être interprété comme purement électoraliste par les mauvaises langues. Mais il n'en était rien. C'était un modeste signe destiné à ces femmes et ces hommes que la République avait trompés. Je lui en serai éternellement reconnaissante. J'ai assisté à ce coup de force, j'y ai même participé.

La tâche était compliquée. J'ai aidé, dans l'ombre, à faire ce qu'aucun gouvernement de la Cinquième République n'avait jamais envisagé. La séquence finale était sublime. Nous étions le 14 avril 2012. Nicolas Sarkozy avait visité le camp de Rivesaltes symbolisant les stigmates de l'histoire de France, ancien camp où l'on parqua tant les réfugiés espagnols qui fuyaient l'Espagne autoritaire de Franco, que les Français de confession israélite sous le gouvernement de Vichy, avant de les déporter vers les camps de la mort en Allemagne. En 1962, contrainte pour des raisons humanitaires de rapatrier les harkis, la République avait alors placé ces hommes dans ces camps de la honte souvent proches de hameaux forestiers qu'on les envoyait débroussailler pour le compte de l'Office national des forêts. Le jour de la visite, on craignait des débordements des deux côtés. À l'extrême droite, le Front national, et à sa tête Louis Aliot, élu de la région et compagnon de Marine Le Pen, avaient appelé à manifester contre nous. Le monde associatif n'était pas non plus très accueillant. Des associations de pieds-noirs avaient lancé le même mot d'ordre.

J'avais fait venir celui qui est à mes yeux un héros, Bernard Goutta, fils de harkis et capitaine pendant de nombreuses années de l'USAP, l'équipe de rugby de Perpignan. Un homme sublime, impressionnant tant par son physique que par sa modestie. Il a eu l'occasion de porter le maillot du quinze de France, lors d'un match le 10 juillet 2004. Lorsqu'il entendit les premières notes de *La Marseillaise* au York Stadium à Toronto, les larmes coulèrent sur son visage. Voilà de quel bois sont faits les harkis, ils sont pétris d'un amour sincère pour la patrie. Après la visite, la délégation s'est rendue à la préfecture de Perpignan pour la remise de la grand-croix de la Légion d'honneur au général Meyer, qui, lorsqu'il était jeune officier, sauva des centaines de harkis et consacra le reste de sa vie au rétablissement de l'honneur de ces soldats et de leurs familles.

La veille de ce jour mémorable, j'étais malade et contrariée car je savais très bien quel sort on me réserverait si cela se passait mal ; cela chaufferait pour mon matricule comme aurait dit mon père. Tout s'est bien passé. Nicolas Sarkozy a été exceptionnel et ce n'était pas gagné. En fin de matinée, à l'aéroport de Villacoublay où il est arrivé avec une heure trente de retard, il était énervé. Mon cœur battait très fort. Claude

Bébéar, parrain du CAC 40 français, était présent. Je l'avais fait venir car il fait partie de ceux qui se sont toujours battus pour la mémoire des hommes qui ont choisi la France. Ce fils d'instituteur de Dordogne a su créer le premier groupe d'assurance au monde et réalisé des OPA aux États-Unis. Il avait également, peu après son entrée à Polytechnique, côtoyé une harki pendant son service militaire en Algérie. Il fut mon mentor.

Le discours du président de la République, rédigé par un de ses remarquables conseillers, était émouvant. Je me souviens parfaitement de ce moment et de ce texte qui arracha des larmes aux nombreuses personnes présentes dans la salle de la préfecture. Je revois encore Claude Bébéar, lui-même ému aux larmes, Gérard Longuet, le ministre de la Défense, crocodile de la politique, le père de La Morandais et tous ces anonymes. Je pleurais en me disant que j'étais, pour une fois, fière de moi. Le Président a également été bouleversé. Cet homme souvent impatient, parfois brutal, n'a eu de cesse pendant les semaines qui suivirent la commémoration d'évoquer cet événement. Au Conseil des ministres, il me remercia. Une forme de consensus naquit ensuite entre les ministres. Alain Juppé lui-même a salué le geste du chef de l'État. Lui qui n'avait pas arrêté de s'opposer à la reconnaissance de l'abandon des harkis de crainte de froisser nos amis algériens.

Nos chers diplomates du quai d'Orsay ne comprennent toujours pas l'histoire coloniale et les plaies qu'elle a laissées. En manquant de considération envers les harkis, qui passent pour des traîtres de l'autre côté de la méditerranée, la France croit se racheter une conscience pour les crimes qu'elle a commis pendant la période coloniale. Au contraire, on ne peut respecter un État qui trahit ses soldats. Quand François Hollande a demandé à être présent pour la commémoration du cinquantième anniversaire de l'indépendance de l'Algérie et qu'il s'est fait opposer une fin de non-recevoir, j'avoue avoir un peu ri. La seule appartenance au Parti socialiste ne rachètera pas la dette que la France peut avoir à l'égard de l'Algérie. François Mitterrand, ministre de la Quatrième République, n'avait-il pas refusé de gracier des indépendantistes ?

L'armée fut un pilier de mon éducation. Et j'avoue être fière d'être fille et sœur de militaires. Mon père et mon frère ont ce sens du sacrifice pour leur pays. Pour ma part, je ne suis pas suffisamment forte pour supporter les humiliations, les vexations, les silences... Et pourtant, j'ai failli avoir une carrière militaire. Adolescente, mon milieu m'étouffait. Il pouvait m'arriver de me rebeller, mais j'étais bonne élève. Le service des rapatriés, qui existait autrefois pour aider à l'intégration des familles de harkis, a proposé de me faire rentrer au lycée Prytanée, lycée militaire à La Flèche. J'hésitais. Un officier, le colonel Parizo, appela un jour à la maison pour me convaincre. Je lui expliquai que ma famille ne pouvait pas assumer les frais d'internat. Il me répondit que l'armée prendrait en charge tous les frais afférents à ma scolarité. Ce militaire gradé que j'avais eu quelques minutes au téléphone pour me convaincre de rejoindre ce lycée prestigieux me dit alors cette phrase que j'entends encore : « L'intégration passera par les femmes. » L'intégration passera par les femmes. Cet homme, que je n'avais jamais rencontré physiquement, avait perçu, il y a presque vingt ans, les enjeux de l'intégration, et notamment le rôle particulier que devraient jouer les femmes.

Mes parents ont refusé que je parte. Quel aurait été mon destin si j'avais intégré l'armée ? En tout cas, il est clair que j'avais compris précocement que l'ascension sociale à laquelle j'aspirais se ferait par la voie des institutions républicaines : l'école ou l'armée.

Je crois que si je m'étais engagée dans l'armée, j'aurais choisi la Légion étrangère. Non pas pour leurs remarquables qualités physiques, pour reprendre la chanson de Piaf, *Mon légionnaire*, mais pour les qualités morales et éthiques de ces combattants de nationalité étrangère qui décident de mourir pour un autre drapeau que le leur : celui de la France.

Ce corps de l'armée de terre rassemble des hommes de plus de 140 nationalités qui acceptent de se dévouer pour la patrie française. Leur devise est « honneur et fidélité ». Ils se sacrifient alors même qu'ils savent qu'ils n'auront aucune reconnaissance. Il a fallu attendre 1999 pour que le législateur prévoie un mécanisme spécifique d'acquisition de la nationalité française en faveur des militaires étrangers blessés au combat. Ceux qui n'ont pas été blessés au combat sont considérés comme des étrangers au même titre que les autres. Le site internet de la Légion est sans ambiguïté : « Pour obtenir la nationalité française, il appartient à l'ancien légionnaire d'en faire la demande. C'est une démarche personnelle. Les organismes de la Légion n'interviennent pas dans la constitution du dossier. En revanche, ils peuvent aider les anciens à réunir les pièces justificatives. » Ces hommes peuvent se battre pendant plus de quinze ans pour la France, sur les fronts les plus dangereux comme en Afghanistan, mais ils ne deviendront pas automatiquement français. C'est absurde et injuste. Ces hommes donnent plusieurs années de leur vie à la France et cette dernière consent seulement à les aider à compléter un dossier administratif. Comment faire comprendre à une jeunesse, et notamment aux jeunes issus de l'immigration, que la patrie est reconnaissante envers ceux qui se sacrifient pour elle, lorsqu'on n'a pas la générosité d'accueillir ceux qui sont prêts à mourir pour elle ? Même ceux qui demandent un simple titre de séjour se trouvent confrontés à l'excès de zèle des préfets qui peuvent user de leur pouvoir d'appréciation pour refuser la carte de résident à ces soldats d'élite.

J'admire ces combattants, et particulièrement l'un d'entre eux. Hélie de Saint Marc, du 1er régiment étranger de parachutistes, homme d'honneur, qui s'est engagé à 18 ans dans la Résistance et qui fut déporté à Buchenwald après une trahison. Il a participé à de nombreux fronts en Indochine et en Algérie. Il a été marqué par l'abandon par la France, d'abord des soldats indochinois, puis des soldats musulmans. Pour ne pas délaisser les harkis, il s'est engagé dans le putsch d'Alger, ce qui lui a valu une condamnation à dix années de prison parce qu'il refusait d'abandonner ses frères d'armes musulmans. Je suis restée sans voix quand j'ai lu pour la première fois la déclaration, sobre et néanmoins émouvante, qu'il fit devant le Haut Tribunal militaire, le 5 juin 1961, et en particulier sa conclusion : « Depuis quinze ans, je suis officier de Légion. Depuis quinze ans, je me bats. Depuis quinze ans j'ai vu mourir pour la France des légionnaires... Des dizaines de milliers de musulmans se sont joints à nous comme camarades de combat, partageant nos peines, nos souffrances, nos espoirs, nos craintes. Nombreux sont ceux qui sont tombés à nos côtés. Le lien sacré du sang versé nous lie à eux pour toujours... Alors nous avons pleuré. L'angoisse a fait place en nos cœurs au désespoir... Alors j'ai suivi le général Challe. Et aujourd'hui je suis devant vous pour répondre de mes actes et de ceux des officiers du 1er REP, car ils ont agi sur mes ordres. Monsieur le Président, on demande beaucoup à un soldat, en particulier de mourir, c'est son métier. On ne peut lui demander de tricher, de se contredire, de mentir, de se renier, de se parjurer. »

J'ai eu le privilège de rencontrer celui que j'admirais, dans des conditions originales. Je venais d'apprendre que le chef de l'État allait le décorer de la grand-croix de la Légion d'honneur dans la cour carrée des Invalides.

J'avais insisté, assez lourdement je le reconnais, pour assister à cette manifestation qui n'avait rien à voir, ni de près ni de loin, avec mon portefeuille ministériel, celui de la Jeunesse et de la Vie associative. Hélie de Saint Marc a plus de 93 ans. À l'exception des ministres de la Défense et des anciens combattants, j'étais le seul membre du gouvernement présent le jour de cette cérémonie. Aucun parlementaire, aucun élu, personne n'avait osé se présenter car l'homme sent encore le souffre. C'est bien la première fois qu'il n'y avait pas un troupeau de ministres se bousculant les uns les autres pour être sur la photographie officielle. C'est aussi à cette occasion que j'ai connu Patrick Buisson. Je ne l'avais jamais rencontré auparavant. Je me suis retrouvée à ses côtés dans la cour des Invalides. Je revois son visage surpris de me voir là. Il bégayait car il ne trouvait pas ses mots tant il était étonné. Je lui expliquai que j'admirais cet homme qui avait préféré brûler ses vaisseaux plutôt que de renoncer à la promesse qu'il avait faite à ses frères d'armes de leur rester fidèles.

Malgré l'absence des politiques, la cour des Invalides était pleine de monde. Le 2e régiment étranger de parachutistes, le 2e REP, était là. Le premier a été dissous suite à la tentative de putsch, nombre des putschistes ayant été recrutés dans le 1ᵉʳ régiment de la Légion. D'autres soldats avaient été décorés à cette occasion, peut-être pour qu'Hélie de Saint Marc ne soit pas le seul à être honoré, des voix de gauche, ignorantes, s'étant en effet opposées à cette décoration. L'instant fut émouvant : cet homme âgé, assis dans un fauteuil, se lève en se tenant à son déambulateur pour recevoir sa décoration. Le président de la République parti, Hélie de Saint Marc fut emmené ailleurs pour éviter le bain de foule. Patrick Buisson me propose alors de le suivre afin que nous allions saluer le grand homme. Je le suis et nous arrivons dans une aile de l'hôtel des Invalides. Nous tombons nez à nez.

Je m'incline devant cet homme en fauteuil, poussé par un jeune soldat du 2ᵉ REP de la Légion étrangère. Je me mets à genoux, et lui donne un baiser sur sa main en m'approchant de son oreille pour le remercier de ne pas avoir abandonné mon père. Des larmes coulaient sur son vieux visage. Je ne savais pas que le geste que je venais de faire allait me donner une respectabilité auprès de nombreux parlementaires qui, eux, n'avaient pas osé braver le politiquement correct. Patrick Devedjian m'arrêta un jour à la réunion du groupe pour me féliciter d'avoir fait preuve de noblesse en agissant ainsi. Henri Plagnol fit de même…

Cet événement, relaté par la presse en trois lignes, toucha beaucoup de personnes et je reçus de nombreuses lettres d'anonymes pour me remercier. Mais la lettre qui m'a le plus émue est celle que le commandant m'écrivit lui-même, et que je conserve aujourd'hui précieusement dans ma bibliothèque.

Si je suis une femme de droite, c'est en partie en raison des positions prises par la gauche sur la question des harkis. Beaucoup d'hommes de gauche haïssaient des personnes comme mon père, un modeste soldat musulman. Je ne pouvais adhérer au Parti socialiste. Les déclarations tonitruantes que fit Gaston Defferre, maire de Marseille, dans *Paris Presse-L'intransigeant* le 26 juillet 1962 furent affligeantes. Le futur ministre de l'Intérieur du premier gouvernement socialiste, parlant des rapatriés, déclara « qu'ils quittent Marseille en vitesse, qu'ils essaient de se réadapter ailleurs et tout ira pour le mieux ». Claude Lanzmann, quant à lui, publia dans la revue *Les Temps modernes*, en avril 1961, une charge violente à leur égard intitulée « L'humaniste et ses chiens ». L'humaniste était Maurice Papon, à l'époque préfet de police à Paris, et les chiens, les harkis accusés de faire les basses besognes.

Cette fameuse dette de sang est une chimère pour toutes les personnes qui viennent d'ailleurs. Elle est un mensonge d'État à propos d'une réalité qui n'existe pas. La France est hypocrite. Il suffit de regarder le sort qui a été fait aux anciens des régiments d'Afrique. Alors qu'ils ont été massivement présents sur les champs de bataille, notamment au cours de la Première Guerre mondiale (près de 600 000 hommes originaires d'Afrique du Nord et du Sénégal, soit près de 10 % des effectifs totaux), la République leur a refusé la citoyenneté. Plus de 30 000 sont tombés sur les champs de bataille entre 1914 et 1918 et presque autant au cours de la Seconde Guerre mondiale. Le seul signe de reconnaissance de la République pour leur sacrifice fut la construction d'une mosquée à Paris. La France refusa de leur accorder des droits, des libertés, l'instruction, et la culture. Plein d'amertume, Lamine Senghor, ancien tirailleur gazé dans les tranchées et homme politique proche du Parti communiste, écrivait sa déception dans le premier numéro du journal *La Voix des Nègres* paru en mars 1927 : « Lorsqu'on a besoin de nous pour nous faire tuer, nous sommes des Français, mais quand il s'agit de nous donner des droits nous ne sommes plus des Français, nous sommes des Nègres. »

Le seul geste qui ait été fait pour rendre hommage à ces troupes coloniales, qui se sont notamment illustrées dans la prise du fort de Douaumont en 1916, a été la construction de la grande mosquée de Paris en 1924. Le maréchal Lyautey, lors de son inauguration, déclarait : « Quand s'érigera le minaret que vous allez construire, il ne montera vers le beau ciel de l'Ile-de-France qu'une prière de plus dont les tours catholiques de Notre-Dame ne seront point jalouses. »

L'armée est une institution phare de notre modèle républicain. L'engagement militaire occupe une place particulière en France de par son histoire, son rôle social de creuset de la République et son poids budgétaire. La France ainsi que le Royaume-Uni sont les seuls États de l'Union européenne à posséder les capacités militaires suffisantes pour des théâtres d'opérations extérieures.

Mais cet engagement est-il toujours le symbole d'une égalité républicaine, où le fils du bourgeois côtoie le fils de l'ouvrier, où le Parisien croise le provincial, où le fils du Breton est le frère d'armes du fils d'Algérien ? La promesse républicaine de l'armée est-elle toujours présente ?

Devant la pâleur de la hiérarchie militaire, le ministère de la Défense avait confié une mission à deux chercheurs : Catherine Wihtol de Wenden et Christophe Bertossi pour comprendre ce plafond de verre. Leur travail, *Les Couleurs du drapeau*[1], est un coup de poing dans l'estomac du modèle républicain. Je participai très indirectement à leur étude. Un jour Catherine m'appelle à la maison pour me demander les coordonnées de mon petit frère dont elle avait appris qu'il faisait partie du 1er régiment de tirailleurs d'Épinal. Elle souhaitait qu'il contribue à l'étude qu'elle menait pour le ministère de la Défense. Mon petit frère accepta. Il le regretta plus tard.

La conclusion du rapport était terrible : « Les militaires d'origine immigrée sont le plus souvent assimilés à un groupe à part, ethnicisés et mis à distance par leurs homologues et leur encadrement immédiat. Le brassage intégrateur ne fonctionne plus dans l'armée française[2]. » Lors de la remise de ce rapport, Laetitia Van Eeckhout, journaliste au *Monde*, a souhaité entrer en contact avec mon frère. En toute

---

1. Christophe Bertossi, Catherine Wihtol de Wenden, *Les Couleurs du drapeau, l'armée française face aux discriminations*, Robert Laffont, 2007.
2. *Idem.*

confiance, il se confia de manière anonyme à cette journaliste sérieuse et engagée, notamment sur ces questions de diversité. En lisant cet article, mon cœur s'est déchiré. Mon propre frère, que j'ai tant essayé de protéger, était victime de racisme et d'humiliation. Il ne m'avait jamais rien dit. Il reproduisait le destin des harkis qui se sont emmurés dans le silence en ne racontant jamais les événements tragiques de la guerre d'Algérie. Toute la journée, les jeunes soldats étaient insultés par les sous-officiers qui les traitaient de « bougnoules », de « basanés », de « rats des îles », de « négros ». Malgré les injures, mon petit frère est resté attaché à l'institution militaire. Après cet article publié dans *Le Monde*, et malgré l'anonymat, il a fait l'objet d'une enquête militaire.

113, groupe de rap de Vitry dont les paroles ne sont pas toujours d'une grande finesse, écrivait dans l'un de ses morceaux, *Les Princes de la ville* : « Au chômage pourtant jeunes et ambitieux, c'est pour nous qu'ils ont créé l'ANPE, mais il y a une queue d'un kilomètre pour gagner trois pépètes, alors les bacheliers s'engagent à l'armée... »

L'armée devient le seul espoir de s'en sortir pour les jeunes des quartiers dits difficiles rejetés par l'école et les entreprises. Elle demeure un lieu de brassage social et ethnique même si elle n'est pas nécessairement à la hauteur des espoirs que l'on peut mettre en elle. Je me souviens de cette photo de mon petit frère Nadji quand il était au Kosovo. Il y apparaissait à table avec ses camarades, des ultramarins, des Africains, des visages pâles… Ces jeunes sont fiers d'être français, de se battre et de mourir pour leur patrie. En s'engageant dans l'armée, ils espèrent refaire fonctionner l'ascenseur social en progressant dans la hiérarchie militaire. Il existe de nombreux exemples dans le passé qui montrent la capacité de l'armée à permettre à de modestes personnes de s'élever socialement. Mais ils sont de plus en plus rares. Et la suppression du service national a sans doute accéléré cette diminution. Le service civique, mis en place dans le gouvernement auquel j'ai appartenu, par Martin Hirsch, ne permet pas de promouvoir l'idée républicaine de la nation. La mixité sociale, même inscrite dans la loi, n'est pas présente dans ce dispositif qui favorise les filles et les fils de bonne famille. La conception sociale de la citoyenneté est venue se substituer à sa conception politique.

Que faire ? On pourrait ouvrir davantage les écoles d'officiers car l'armée, à l'instar des autres institutions républicaines, est désespérément pâle et masculine. Elle accentue, comme l'école, les disparités sociologiques alors qu'elle devrait permettre de relancer la mobilité sociale.

Polytechnique est l'exemple du système qu'il faut réformer. Cette école est le reflet d'une reproduction sociale dont les classes modestes sont exclues. La Cour des comptes, le 17 février 2012, notait que les statistiques faisaient apparaître encore « plus nettement que dans d'autres écoles comparables, un recrutement excessivement masculin et concentré sur les catégories socioprofessionnelles "cadres supérieurs – professions libérales et professions intermédiaires" ». Ce qui est pour le moins paradoxal, c'est que les élèves de l'X sont payés pendant toutes leurs études ; leur rémunération en 2009 a représenté plus de 18 millions d'euros payé par le budget de l'État. Et il en va de même à l'ENA. L'État providence se retrouve à payer les études des fils et filles de. Le système français est devenu le moins équitable possible. La collectivité donne un salaire aux enfants bien nés pour suivre leurs études et les pauvres se retrouvent dans des universités aux locaux délabrés à cumuler les petits jobs. Les étudiants de Polytechnique iront dans des banques d'affaires pour gagner le plus d'argent possible sans rembourser pour autant leur pantoufle, c'est-à-dire la partie des frais de scolarité qu'ils doivent à l'État s'ils n'intègrent pas la fonction publique. Je reconnais que certains respectent leurs engagements et restent dans la fonction publique, mais ce n'est pas toujours le cas. La Cour des comptes, dans le même rapport, rappelle qu'il y a moins de 11 % de filles et moins de 11 % de boursiers.

J'ai été stupéfaite en les voyant défiler lors des célébrations du 14 Juillet. Ces jeunes y défilaient dans des uniformes désuets. Ces petits marquis de la République illustrent le dévoiement du modèle républicain. La Légion, elle, se définit par l'indigence de son uniforme fait pour les opérations, et non pour l'apparat. Quand elle défile, elle est impressionnante, ses visages illustrent la diversité de l'humanité. Ces deux images montrent le décalage insoutenable entre les privilégiés et les modestes, la fiction et la réalité.

Des États ont su moderniser leurs armées en intégrant les enfants de l'immigration. Lors du premier conflit irakien, une figure afro-américaine, Colin Powell, le chef d'état-major, est apparu. Il deviendra quelques années plus tard secrétaire d'État de George W. Bush. Les Américains, qui ont connu une ségrégation violente, ont su faire émerger une élite afro-américaine. Ils se sont attachés dès la fin de la Seconde Guerre mondiale à mettre un terme à la ségrégation raciale. Les chefs d'État Roosevelt et Truman se sont préoccupés de la question des soldats noirs en adoptant un programme d'intégration. La France aurait pu le faire car elle comptait des troupes coloniales : tirailleurs, goumiers, spahis...

Ces mots, l'imagerie entourant ces régiments, j'y suis attachée, ils résonnent en moi de manière particulière et familière. Une très belle exposition a eu lieu, grâce à l'intervention du chef de l'État, aux Invalides. Elle permettait au public de découvrir ces soldats et de mieux connaître leur histoire. Intitulée « Algérie 1830-1962 », et présentée au musée de l'Armée, elle a été saluée à l'unanimité par les critiques. Mais le Quai d'Orsay, encore une fois, est intervenu pour la déprogrammer, de crainte de blesser l'Algérie. Un dimanche, je reçois un coup de téléphone de Patrick Buisson me demandant si je suis au courant de l'affaire. Je lui réponds que oui et lui explique brièvement les tenants et les aboutissants d'un dossier qui n'aurait jamais dû susciter une quelconque difficulté. Il me demanda de faire une note qu'il donnerait au Président. Ce que je fis. Au cours du Conseil des ministres suivant, le président de la République évoqua le sujet. Il ne portait pas d'attachement particulier à cette exposition, mais il ne supportait pas que le ministère de la Défense s'incline devant le ministère des Affaires étrangères pour ménager la susceptibilité algérienne. Pour lui, ce n'était pas à Alger de décider des manifestations culturelles françaises. Gérard Longuet se réjouit de cette décision, lui qui n'avait pas eu le courage de s'opposer au grand Alain Juppé. C'était d'autant plus facile de manifester son approbation que ce dernier n'était pas là. Mais imaginez que le sort d'une exposition fut décidé dans le cénacle le plus important de la République, le Conseil des ministres.

Au sein du conseil d'État, j'ai eu à connaître des affaires relatives au droit des pensions d'anciens tirailleurs et à la question de la « cristallisation » des pensions. Ce sont des dossiers qui sont, pour moi, toujours chargés d'émotions, d'autant que l'issue juridique en est souvent incertaine. Près d'un million de combattants issus de l'empire colonial ont servi dans l'armée française au cours du XXe siècle, plus de 100 000 sont morts pour la France. Après l'accession à l'indépendance des anciens territoires, le gouvernement français a décidé le gel des pensions et retraites des anciens combattants ressortissant de ces terres et ne résidant pas en

France, créant ainsi une situation d'inégalité entre ces anciens frères d'armes.

Il a fallu attendre 2002 pour que la situation de ces anciens tirailleurs, goumiers ou spahis, s'améliore, suite à la condamnation par le Conseil d'État du système de cristallisation des pensions militaires.

Le législateur a réévalué les droits de ces anciens combattants sans pour autant supprimer la discrimination avec leurs anciens frères d'armes français. Il a mis en place une revalorisation des pensions en fonction du lieu de résidence des intéressés au moment de la liquidation de la pension, et sur la base des parités de pouvoir d'achat de l'ONU.

Le film *Indigènes* de Rachid Bouchareb avec Jamel Debbouze, Roschdy Zem, Samy Naceri et Sami Bouajila a contribué à faire connaître au grand public les hommes de ces anciens régiments d'Afrique. Quelle émotion quand les acteurs du film, recevant le prix d'interprétation à Cannes, ont entonné *Le Chant des Africains* : « C'est nous les Africains… Car nous voulons porter haut et fier le beau drapeau de notre France entière. Et si quelqu'un venait à y toucher, nous serions là pour mourir à ses pieds. »

Les régiments d'Afrique ont participé au sacrifice national. Ils ont combattu pour la libération de la France au cours de la Seconde Guerre mondiale. Suite au film, le principe d'une parité en euros entre les prestations versées en France et hors de France a finalement été introduit par voie d'amendement gouvernemental à la loi de finances pour 2007. Il s'applique désormais à toutes les « prestations du feu », c'est-à-dire aux pensions militaires d'invalidité, aux pensions de réversion et à la retraite du combattant pour les quelques survivants de ces batailles... Le coup de grâce est venu du Conseil constitutionnel qui, saisi d'une question prioritaire de constitutionnalité le 28 mai 2010, a mis fin à un système inique.

Les compteurs sont aujourd'hui à zéro, l'armée doit reprendre sa place dans la construction de l'idée de nation mais pour cela, elle doit inventer une nouvelle gouvernance capable d'incarner et d'illustrer le principe d'égalité pour tous. Elle peut réussir sans nul doute car elle possède les talents et la vertu nécessaires.

Conclusion

Dans ces pages, une figure fut souvent absente : celle de ma mère. Les relations entre une mère et sa fille sont toujours d'une grande complexité. Les miennes le sont. Qu'il me soit permis de lui rendre ici l'hommage qui lui revient. C'est elle qui a fondé mon engagement féministe. Je mène ce combat pour elle. Et, pour cela, je suis prête à toutes les guerres, résolue à refuser tous les armistices qui aboutiraient à un recul de la condition des femmes, tant sur les plans juridique que matériel.

Nos mères nées sur ces terres arabes, quelle que soit leur religion, musulmane ou juive, ont toutes eu des destins tragiques, meurtris par des plaies béantes. Personne en France ne peut imaginer le calvaire de ces femmes, la violence et la souffrance qu'elles ont connues dans leur vie au quotidien dès leur plus jeune âge. La misère d'abord, commune à tous, hommes comme femmes. Albert Camus martelait dans un des articles de la série du 5 juin 1939, publié dans *Alger républicain* et intitulé « La Grèce en haillons, Vivement la guerre on nous donnera de quoi manger » : « Si je pense à la Kabylie, ce n'est pas ses gorges éclatantes de fleurs ni son printemps qui déborde de toutes parts que j'évoque, mais ce cortège d'aveugles et d'infirmes, de joues creuses et de loques qui, pendant tous ces jours, m'a suivi en silence [1]. » À la misère s'ajoute la condition réservée à ces femmes, malmenées en premier lieu par leurs parents, puis par leurs époux et leurs belles-familles.

Le Comte de Bourderbala, jeune comique d'origine kabyle de Tizi-Ouzou, né en Seine-Saint-Denis il y a plus de trente ans, débute son one-man show à l'Alhambra en parlant de ses parents, un couple d'Algériens modèles mariés depuis quarante ans. En quelques phrases choisies et incisives, quelques répliques bouleversantes de vérité et de sincérité, il dévoile, par l'humour, une réalité bien moins drôle : « Mon père a acheté ma mère dans les années 60. Il avait vingt-cinq ans, ma mère vingt…, de moins. On lui a dit "Voilà l'homme de ta vie", elle a pensé

---

1. Albert Camus, *Œuvres complètes*, t. II, La Pléiade, pp. 654-655.

"Vivement les mômes, que j'aime quelqu'un dans cette baraque". Imaginez-vous quarante ans de mariage, et ils n'ont jamais pensé à divorcer, ma mère a pensé au suicide, à la mort, mais jamais au divorce. » Si cet humour corrosif fait rire, il décrit aussi une réalité dont personne n'ose parler.

Sauf peut-être une femme : la photographe Stephanie Sinclair. Elle a réalisé une série de photographies sur les mariages forcés de petites filles en Afghanistan, qui furent publiées dans le *National Geographic Magazine* en juin 2011. Sur l'une d'elles, on peut voir Asia, jeune maman de 14 ans, lavant son bébé tandis que son autre enfant de seulement 2 ans attend à côté. On ne peut qu'imaginer la douleur de cette jeune adolescente, déjà mère, épuisée par deux grossesses successives et souffrante, perdant du sang depuis plusieurs semaines sans pouvoir être soignée. Le taux de mortalité infantile et celui des femmes en couche sont évidemment extrêmement élevés dans ces régions où les médecins sont rares et où les femmes n'ont pas le droit d'être auscultées par des praticiens de sexe masculin. En Afghanistan, une femme meurt toutes les vingt-sept minutes des suites de complications liées à la grossesse. Quand je regarde ces photos, pour lesquelles Stephanie

Sinclair a reçu le prix *Visa d'or Magazine* lors du festival Visa pour l'Image de Perpignan en 2012, je ne peux m'empêcher d'y voir ma mère, enfant, et de me projeter dans cet enfer terrestre.

Ma mère a été mariée une première fois en Algérie, de force, à un homme plus âgé qu'elle. Il buvait et la battait. Elle n'avait que 13 ans. Imaginez cette enfant livrée à un homme la violant tous les soirs. Avec lui, elle a eu une petite fille, morte là-bas faute de soins. À la fin de la guerre d'Algérie, elle fut rapatriée en France avec d'autres harkis qui avaient survécu aux massacres du FLN. Elle y rencontra mon père. Il s'agissait cette fois, non pas d'un mariage forcé, mais d'un mariage arrangé, la nuance ne vous semblera sans doute pas évidente, pourtant elle l'est. Dans le second cas, l'avis de la jeune fille importe. En Algérie, quand vous êtes une fille, vous vous empressez de vous marier pour échapper à la violence de votre propre famille. Ma mère était battue et était l'esclave domestique de ses parents parce qu'elle n'était qu'une fille. On fuit un enfer pour un autre. Mais, dans son malheur, elle eut beaucoup de chance d'épouser mon père car il était orphelin. Elle n'eut donc pas de belle-mère pour faire d'elle une esclave. Par je ne sais quel miracle, mon père n'a jamais reproduit le modèle familial arabo-berbère. Peut-être est-ce parce que son père était lui-même atypique. Mon grand-père était divorcé, ce qui était très rare à l'époque. Mon père n'a été élevé que par des hommes, son oncle et son père. En droit musulman, les femmes n'ont pas d'autorité parentale sur les enfants. Elles n'ont qu'un droit de garde jusqu'à l'âge de 7 ans. Mes parents ne sont pas un couple mais une famille. Cela explique sans doute pourquoi ils sont toujours mariés, après quarante-cinq ans de vie commune.

La force de ma mère a été d'avoir voulu briser la chaîne de l'asservissement des femmes, d'avoir émancipé ses propres filles pour qu'elles ne connaissent jamais ce qu'elle a vécu. Je reste marquée par ses souvenirs d'enfance. Les images de l'Algérie de mes parents ancrées en moi sont celles d'une société archaïque dans laquelle l'identité des individus était niée, celles de femmes fragilisées par les grossesses successives, d'une mortalité infantile élevée, de l'absence d'instruction pour les filles, de la maltraitance, des travaux pénibles dans les champs pour récolter des céréales de médiocre qualité destinées à faire des galettes pour la famille entière...

Mon féminisme, parfois dérangeant, est arabe et intransigeant car nous portons dans nos tripes la violence faite aux femmes. Il est dans mes gènes. Je poursuis les combats de femmes comme Simone Veil, Gisèle Halimi ou Élisabeth Badinter. Je m'oppose à tout ce qui pourrait entraver la liberté des femmes. Elles devraient pouvoir choisir leur vie. Quand on est issue, comme moi, d'une famille de culture arabo-musulmane, être une fille ne peut vouloir dire qu'on est l'égale d'un garçon. Cela aurait pu être une malédiction. Alors j'admire ma mère d'avoir pu permettre à sa fille de rompre avec cette ancienne tradition culturelle pour qu'elle devienne une femme libre. Elle a fait d'immenses sacrifices personnels, et a dû renoncer à une revanche que les femmes arabes prennent lorsque leurs enfants deviennent adultes. En effet, ce sont les mères qui choisissent les épouses de leurs fils. Elles agissent ensuite comme des tyrans avec ces nouvelles venues dans leur famille, les humiliant souvent et tentant d'en faire leur esclave domestique. Ce nouveau statut est, pour elles, une manière de se venger de la vie qui les a malmenées.

Ma détermination et ma pugnacité à voir la concrétisation des principes fondamentaux de la République, notamment la laïcité et l'égalité entre les femmes et les hommes, viennent de cette histoire familiale douloureuse dont on ne parle pas pour ne pas dénigrer notre culture d'origine. Mes parents sont des piliers. Semblables aux roseaux de La Fontaine, ils plient face au vent mais ne rompent pas. Ils ne se sont jamais considérés comme des victimes. Ils ont fait preuve d'abnégation et d'une volonté infinie.

Pour eux, je refuse de me laisser décourager par les mauvaises nouvelles qui me viennent d'ici ou d'ailleurs. Je refuse d'abandonner la bataille pour l'égalité. Je la leur dois. Je dénoncerai toujours les compromis et les reculs qui sont faits sur l'autel du différentialisme et du communautarisme, et qui se font toujours au détriment des femmes. Les fondamentalismes de tous bords sont mes ennemis. Je les combattrai toujours.

Erik Orsenna, prix Goncourt et ambassadeur de l'UNICEF, dans un séminaire organisé le 8 septembre 2012, a employé une métaphore audacieuse. Pour violente qu'elle soit, elle illustre assez justement les risques de nos atermoiements à appliquer les principes d'égalité et de laïcité. L'ancienne plume de François Mitterrand y comparait notre résistance à appliquer ces principes fondamentaux à l'attitude qui fut la nôtre lors des accords de Munich par lesquels la France, le Royaume-Uni et l'Italie abdiquèrent devant l'Allemagne d'Hitler en lui livrant, les 29 et 30 septembre 1938, la Tchécoslovaquie, pensant ainsi préserver la paix en Europe. Ces accords furent un premier recul des puissances européennes devant l'Allemagne hitlérienne, et un premier pas vers une guerre dont on connaît l'issue. Nous en sommes là. Pour ne pas connaître un nouveau Munich, je serai toujours de celles qui se battent. Parce que ce combat n'est pas terminé. Parce que les ennemis de la liberté, de la laïcité, donc de la République, sont plus que jamais parmi nous. Contre ces ennemis, pour ces valeurs, je monterai toujours au front.

TABLE

Introduction 9

Une laïcité moribonde ; il n'existe pas
   de charia light 39
Une école faillible ; où sont passés
   les hussards ? 127
L'engagement militaire ; creuset
   de la citoyenneté 173

Conclusion 209

CET OUVRAGE A ÉTÉ COMPOSÉ
PAR FACOMPO À LISIEUX (CALVADOS)
ET ACHEVÉ D'IMPRIMER
SUR ROTO-PAGE
PAR L'IMPRIMERIE FLOCH
À MAYENNE EN JANVIER 2013

N° d'édition : 17528 – N° d'impression : 83972
Dépôt légal : janvier 2013
Imprimé en France